# NOTIONS ÉLÉMENTAIRES

## DE GÉOGRAPHIE GÉNÉRALE

ET NOTIONS SUR LA

### GÉOGRAPHIE PHYSIQUE DE LA FRANCE

# OUVRAGES CLASSIQUES DE MM. CORTAMBERT

## I. — ENSEIGNEMENT GÉNÉRAL DES DEUX SEXES.



## II. — ENSEIGNEMENT SECONDAIRE DES LYCÉES ET DES COLLÈGES.

Chaque volume, format in-16, est illustré de gravures.



## III. — ENSEIGNEMENT SECONDAIRE SPÉCIAL.



## IV. — ENSEIGNEMENT PRIMAIRE DES DEUX SEXES.



## V. — ATLAS DIVERS (*voyez aussi les titres précédents*).

COURS COMPLET DE GÉOGRAPHIE

A L'USAGE DES LYCÉES ET DES COLLÈGES

# NOTIONS ÉLÉMENTAIRES

## DE GÉOGRAPHIE GÉNÉRALE

ET NOTIONS SUR LA

## GÉOGRAPHIE PHYSIQUE DE LA FRANCE

SUIVIES

d'un Cadre pour une description de département

Contenant les matières indiquées par les programmes officiels
du 2 août 1880

POUR LA CLASSE PRÉPARATOIRE

PAR

# E. CORTAMBERT

Président honoraire de la Commission centrale de la Société de géographie
Bibliothécaire de la Section géographique de la Bibliothèque nationale

NOUVELLE ÉDITION, ILLUSTRÉE DE 42 GRAVURES INTERCALÉES DANS LE TEXTE

PARIS

LIBRAIRIE HACHETTE ET C^{ie}

79, BOULEVARD SAINT-GERMAIN, 79

1881

# NOTIONS PRÉLIMINAIRES

ET

## GÉOGRAPHIE ÉLÉMENTAIRE

DE LA FRANCE PHYSIQUE ET DE LA TERRE SAINTE

POUR LA CLASSE PRÉPARATOIRE

## NOTIONS PRÉLIMINAIRES

### 1. — LES POINTS CARDINAUX, LA BOUSSOLE.

#### Lecture.

C'est aujourd'hui jeudi, jour de congé. Partons de grand matin[1], allons voir le lever du Soleil, et nous apprendrons le moyen de nous orienter.

Montons sur la colline la plus voisine. Regardons de ce côté où le ciel offre de si magnifiques teintes pourprées, et où l'on dirait qu'un grand incendie embrase l'horizon. On commence à voir un peu le bord de l'astre; déjà on en découvre les trois quarts; le voilà enfin tout entier. Que ce globe est éclatant et majestueux! C'est un spectacle toujours nouveau, et qui remplit l'âme d'une sorte de ravissement. Toute la nature semble réjouie à l'aspect de l'astre du jour. Les oiseaux célèbrent son arrivée par leurs chants joyeux, les autres animaux sortent gaiement de leurs retraites, et les hommes

---

1. C'est au commencement d'avril qu'on est censé faire la première promenade. On remarquera que c'est à peu près à l'équinoxe du printemps, vers le temps où le Soleil, se levant à 6 heures du matin, se trouve réellement à l'est; il est au nord ou au sud de ce point aux époques qui s'éloignent de l'équinoxe.

reprennent de toutes parts dans la campagne les travaux que la nuit avait interrompus.

Remarquons que le Soleil ne se lève pas réellement, mais que c'est la Terre qui, en tournant, nous ramène vers lui. On appelle *levant* ou *orient* ce côté où le Soleil semble ainsi se lever. Le côté opposé, où on l'a vu disparaître le soir, se nomme *couchant* ou *occident*. On donne encore le nom d'*est* au levant, et le nom d'*ouest* au couchant.

Tournons notre droite à l'est, et notre gauche à l'ouest ; nous avons dans cette position le *nord* devant nous, et le *sud* derrière. A midi, nous verrons le Soleil dans la direction du sud ; voilà pourquoi on donne aussi à ce côté le nom de *midi*. On le nomme également point *austral* et point *méridional*.

Le nord s'appelle encore *septentrion* ou le point *boréal*. Nous ne voyons, en France, le Soleil dans cette direction à aucune époque de la journée.

Les quatre points que nous venons d'indiquer sont les points cardinaux. Il y a quatre autres points qu'il est aussi très-utile de connaître : entre le nord et l'est, à égale distance de l'un et de l'autre, il existe un point que l'on nomme nord-est ; le sud-est se trouve entre le sud et l'est ; le sud-ouest, entre le sud et l'ouest ; et le nord-ouest, entre le nord et l'ouest. Tous ces points composent la *rose des vents*.

*S'orienter*, c'est retrouver, quand on a besoin, les points de la rose des vents. Il est indispensable de chercher à se reconnaître au moyen de ces points.

Entrons, par exemple, dans ce joli bois ; suivons le chemin tortueux et si agréablement ombragé qui s'offre devant nous. Égarons-nous à dessein au milieu des grands arbres.

Nous voilà déjà fort avancés dans le bois. Comment pourrons-nous nous en retourner ? Remarquez ce plan : on y voit que ce bois est au nord du collége. Eh bien ! tâchons de découvrir où est le sud, et nous nous dirigerons de ce côté, car c'est au sud du lieu où nous sommes que se trouve notre habitation. Voyons l'heure qu'il est maintenant. Il est neuf heures. Le Soleil, que nous voyons briller là-haut entre ces deux têtes d'arbres, ne se trouve plus à l'est, car il y a déjà trois heures qu'il est levé. Il ne se trouve pas au sud non plus, car il n'est pas encore midi. Le Soleil est donc ent re l'est et le sud, c'est-à-dire au sud-est. Tâchez maintenant de découvrir le sud, au moyen du sud-est.

Remarquez qu'au lever du Soleil, en tournant votre main droite vers cet astre, vous aviez l'est à droite, et derrière vous

Rose des vents.

le sud, c'est-à-dire le point vers lequel le Soleil sera à midi. Lorsque vous étiez ainsi placé, le sud-est devait être derrière votre épaule droite.

Tournez-vous donc en ce moment de manière à avoir le Soleil derrière votre épaule droite, et vous aurez l'est précisément à droite, l'ouest à gauche, et le sud derrière vous.

Maintenant vous connaissez le sud. Voici justement un petit sentier dans cette direction : prenons-le, il nous conduira vers notre demeure.

Mais, direz-vous, si le Soleil avait été caché par d'épais nuages, nous aurions été sérieusement perdus. Cela est vrai ; nous aurions pu nous égarer, et chercher assez longtemps notre chemin, si nous n'avions emporté ce petit instrument qu'on nomme une *boussole;* vous voyez que c'est une boîte dans laquelle une aiguille, large au milieu, pointue aux extrémités, est mobile sur un pivot. Cette aiguille est en acier; elle a été frottée avec de l'aimant, qui est un autre métal, et elle est ce qu'on appelle aimantée ; elle a acquis la merveilleuse propriété de diriger une de ses pointes au nord, et l'autre au sud ; elle va, du moins, à peu près dans ces deux directions, et, si elle ne s'y trouve pas exactement, on sait de combien elle s'en écarte. On peut donc retrouver facilement son chemin au moyen de ce précieux instrument.

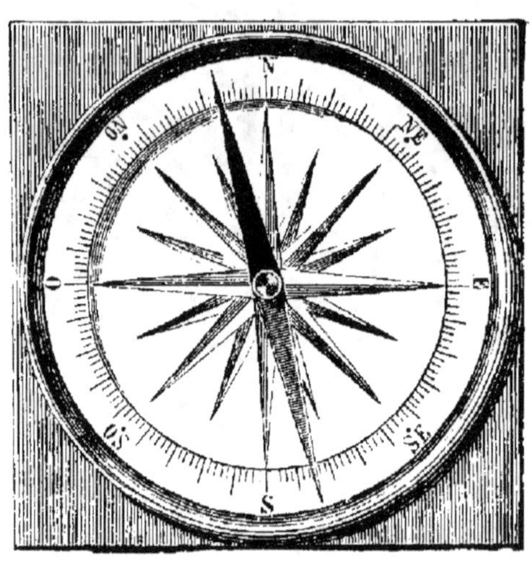

Boussole.

Si le temps est beau, nous compléterons, au commencement de la nuit, par l'étude du ciel, la leçon du matin.

Contemplons la voûte céleste, parsemée d'étoiles dans toute son immense profondeur. Les étoiles, qui paraissent petites à cause de leur grand éloignement, sont, en réalité, de très-gros astres et autant de splendides soleils, comme celui qui nous éclaire pendant le jour. Plusieurs semblent groupées et dessiner certaines figures, comme des carrés, des triangles, des couronnes et autres apparences. Ces groupes sont appelés des constellations. Eh bien ! tournons notre gauche au côté où nous avons vu le Soleil se coucher ; maintenant arrêtons nos regards vers une région assez élevée de la voûte céleste, à peu près vers le milieu de l'espace qui sépare le point le plus haut du ciel et qu'on appelle le zénith, du point le plus bas, c'est-à-dire de l'endroit où le ciel semble toucher la Terre et qu'on nomme l'horizon. Vous découvrez une constellation qui comprend sept astres principaux : quatre forment un carré; trois autres, à la suite, sont sur une ligne presque droite; cette constellation est ce qu'on appelle la Petite Ourse; et ces trois étoiles en ligne droite en sont la *queue*. L'étoile qui forme l'extrémité de cette queue est appelée *Polaire* (bientôt on dira pourquoi). Elle est toujours dans la

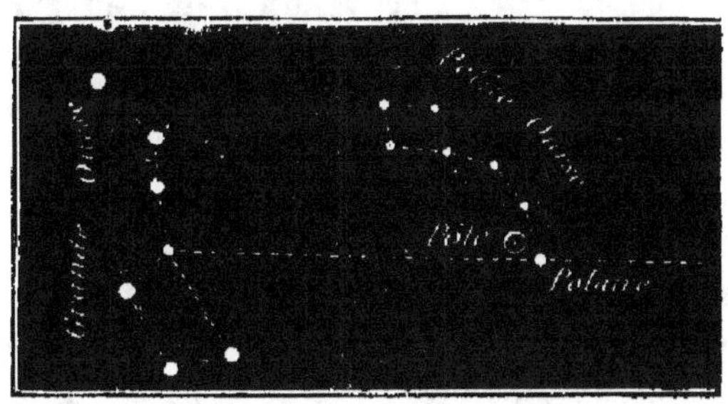


Constellations de la Grande Ourse et de la Petite Ourse.

direction du nord, et, dès que l'on connaît le nord, on sait où sont les autres autres points cardinaux.

Dans le voisinage de cette constellation, admirez-en une autre bien plus brillante, bien plus grande et qui lui ressemble beaucoup : c'est la Grande Ourse; mais elle ne se trouve pas si directement au nord que la Petite, et n'offre pas un moyen si commode de s'orienter.

### Leçon.

Le côté de l'horizon où le Soleil semble se lever ou plutôt où il se trouve à 6 h. du matin, s'appelle *est, levant* ou *orient*. — Celui où il semble se coucher (c'est-à-dire où il se trouve à 6 h. du soir) est l'*ouest, couchant* ou *occident*. — Le *sud* ou *midi*, appelé aussi point *austral* ou *méridional*, est dans la direction où nous voyons, en France, le Soleil à midi. — Le *nord* ou *septentrion*, nommé aussi point *boréal* ou *septentrional*, est à l'opposé, et se reconnaît par les groupes d'étoiles de la *Grande Ourse* et de la *Petite Ourse*, situés de ce côté. — Ce sont les quatre *points cardinaux*. On les désigne ordinairement par ces abréviations : N., S., E., O.

Il y a quatre *points collatéraux* : le *nord-est*, entre le nord et l'est; — le *nord-ouest*, entre le nord et l'ouest; —

le *sud-est*, entre le sud et l'est ; — le *sud-ouest*, entre le sud et l'ouest.

Les points cardinaux et les points collatéraux forment ce qu'on appelle la *rose des vents*.

*S'orienter*, c'est retrouver les points cardinaux et collatéraux. Pendant le jour, il est facile de le faire au moyen du Soleil, qu'on voit à l'est à six heures du matin, au sud à midi, à l'ouest à six heures du soir, au sud-est à neuf heures du matin, au sud-ouest à trois heures du soir.

La nuit, on peut avoir recours à l'étoile Polaire, située au nord, dans la Petite Ourse.

On se sert aussi de la *boussole*, petit instrument dont la pièce principale est une aiguille aimantée; suspendue sur un pivot, où elle tourne librement, cette aiguille a la propriété de diriger l'une de ses pointes au nord et l'autre au sud.

Sur les dessins nommés *cartes*, qui représentent la Terre ou quelques-unes de ses parties, on a coutume de placer le nord en haut, le sud en bas, l'est à droite et l'ouest à gauche.


## II. — LES CHAMPS, LES PRAIRIES, LES BOIS, LES FORÊTS.

### Lecture

Poursuivons, sur le terrain qui nous environne, nos études pratiques de géographie. Allons encore à la promenade. Admirons les belles cultures de ces champs, la plupart entourés de haies ou de fossés, et divisés entre les habitants du pays : tous ont été mesurés exactement par les géomètres du cadastre, et l'on en connaît parfaitement l'étendue.

Voici du blé, dont les grains dorés donnent une farine excellente; à côté, vous voyez du seigle, qui a la tige plus grêle, le grain plus mince, et qui fournit une farine moins blanche; là, vous reconnaissez l'orge, aux barbes longues et dures de ses épis aplatis; le champ voisin est couvert d'avoine, aux épis lâches et tombants. Ces plantes sont les principales céréales de notre climat. Dans les parties les plus chaudes de la France, on cultive aussi le maïs, aux longues et larges feuilles, aux gros épis de grains jaunes et ronds qui donnent une très-bonne farine. Dans les pays les moins fertiles, on élève le sarrasin ou blé noir (qui a de jolies fleurs blanches et un grain triangulaire tout noir); mais quand le sol est très-bon, on ne le consacre pas à cette plante, moins importante que les céréales proprement dites.

Nous n'avons pas ici une autre céréale bien renommée, le riz, qui ne croît que dans les régions chaudes et humides, et qui nourrit un grand nombre de peuples; mais nous possédons en abondance la pomme de terre, qui vient d'Amérique.

Voilà un joli coteau tout planté de vigne; quand le raisin sera mûr, on le pressera pour en faire du vin.

On cultive dans les meilleurs terrains le chanvre, formant de hautes herbes droites, revêtues d'un fil propre à faire de la toile; et le lin, dont les tiges plus délicates fournissent aussi des fils précieux.

Suivons ce chemin agréablement ombragé de grands arbres. Remarquez ces énormes châtaigniers, ces noyers et ces cerisiers, dont les fruits et le bois sont également utiles.

Nous entrons dans une belle allée de peupliers, qui n'est pas moins agréable.

Nous traversons un bois tout formé d'arbres au port droit et élancé, au feuillage d'un vert sombre et sévère, mais à l'ombre desquels on se plaît cependant : ce sont des sapins, des pins, des mélèzes, des cyprès, des cèdres, dont le bois est excellent pour construire les maisons et les meubles.

Franchissons cet espace un peu bas, où paissent des vaches : c'est un pré ou une *prairie naturelle*, composée d'un grand nombre d'espèces d'herbes, dont la plupart cependant sont des graminées, c'est-à-dire ressemblent au blé, au seigle et aux gazons de nos jardins.

Dans les trois champs plus secs que vous voyez à côté, sont des *prairies artificielles*, formées de trèfle, de luzerne et de sainfoin, qui donnent de très-bons fourrages, et à la place desquels on mettra plus tard des céréales.

Nous voilà dans un espace planté d'arbres jusqu'à plus de vingt kilomètres de distance : c'est beaucoup plus considérable que le bois que nous avons vu tout à l'heure. On l'appelle une forêt : vous remarquez ces grands et forts chênes, qui servent à toutes sortes de constructions; ces beaux hêtres, ces bouleaux à l'écorce toute blanche, ces trembles au feuillage toujours mobile; ces platanes aux feuilles larges et élégamment découpées, et à la tige robuste, quoique dépouillée d'une partie de son écorce; ces érables, qui ont un bois agréablement veiné; ces ormes majestueux, mais aux troncs obliques, qui donnent le meilleur bois de chauffage; ces charmes qui servent aussi beaucoup à nous chauffer; ces frênes, qui ont des feuilles divisées en jolies folioles et fournissent un charmant bois d'ébénisterie.

Sur la lisière de la forêt, vous apercevez des carrières d'où l'on extrait des pierres excellentes pour la construction des maisons. Ces pierres sont du calcaire; on en emploie une partie à faire de la chaux (1).

Retournons vers le collége par un autre chemin, et traversons ces champs plantés de légumes, cultivés avec tant de soin et tant de profit par les maraîchers, pour l'alimentation de la grande ville.

Combien la vue se repose agréablement sur toutes ces richesses de la campagne! Que de reconnaissance nous devons à Dieu pour tant de végétaux utiles qu'il nous a accordés

### Leçon

Un *champ* est un terrain ordinairement cultivé en céréales, pommes de terre et autres plantes propres à l'alimentation des hommes ou à leur vêtement.

Un *pré* ou une *prairie naturelle* est un espace couvert constamment d'herbes destinées à la nourriture des animaux.

Les *prairies artificielles* sont formées de plantes à fourrages qui n'occupent que momentanément des terrains où l'on met ensuite des céréales, des pommes de terre, etc.

Un *bois* est une assez grande réunion d'arbres.

Une *forêt* est une très-grande réunion d'arbres.

(Voyez, pour la manière de représenter un champ, un pré, un bois, la carte des environs du collége, chap. VIII.)

---

1. Expliquer aux élèves comment se fait la chaux et à quoi elle sert. Donner d'ailleurs, sur les diverses pierres et les divers terrains qu'on rencontrera, les explications nécessaires à leur usage.

## II. — Termes géographiques, espaces de terre et d'eau.

### Lecture

Pour nouvelle promenade géographique, allons faire une course sur les bords de l'étang [1]. C'est un des endroits qu'on aime le plus, à cause de la fraîcheur agréable qu'on y éprouve et parce qu'on trouve toujours un certain charme à jouir à la fois de la vue de la terre et de l'eau.

Vous découvrez déjà une partie de l'étang ; c'est peut-être la plus belle masse d'eau que vous ayez vue ; mais ne croyez pas que ce soit la plus grande qu'il y ait sur la Terre. Il y a des amas beaucoup plus grands, qui sont de véritables *lacs* (car cette pièce d'eau, à laquelle on donne par abus le nom de lac n'est pas assez considérable en réalité pour mériter ce nom), et il en est d'autres beaucoup plus vastes que les lacs : ce sont les *mers* et les *océans*, dont l'eau n'est pas douce, comme celle-ci, mais salée et amère.

Ces mers et ces océans sont tellement considérables, qu'il faut souvent deux ou trois mois pour parcourir, même avec un excellent navire, quelques-unes de ces grandes masses d'eau, tandis que nous franchissons l'étang en dix minutes avec notre petit bateau.

Cependant notre étang sera pour nous aujourd'hui une petite mer, et je vais vous y montrer différentes choses qui pourront vous faire comprendre un peu ce qu'est la mer véritable. Promenons-nous donc sur ses bords, que nous comparerons aux *côtes* de la mer.

Remarquez-vous d'abord ces inégalités que le vent fait naître sur la surface de l'eau, et qui viennent mourir sur le bord avec un certain bruit ? Ce sont de petites *vagues*, de petits *flots*, des *ondes.* Le vent cause des agitations de ce genre sur la mer, mais elles sont énormes et effrayantes ; elles se précipitent sur les côtes avec une sorte de grondement

1. Si le collége est près d'un lac ou de la mer, l'explication sera encore plus facile. Nous avons fait la supposition d'un étang, parce que c'est un amas d'eau plus probablement à la portée des observations de la grande majorité des élèves,

terrible; elles s'entrechoquent en écumant, et l'on dirait des montagnes d'eau qui roulent les unes contre les autres.

Ce petit terrain couvert de verdure qui s'élève au milieu de l'étang, et où nous ne pouvons aller qu'en bateau, est une *île;* tandis que le terrain où nous sommes, et qui tient à une

grande étendue dont fait partie la France, est le *continent* ou la *terre ferme.* Il y a aussi des îles dans la mer, et de bien plus grandes. Souvent il s'en trouve des *groupes* d'une dizaine, d'une vingtaine et davantage; c'est alors ce qu'on nomme un *archipel.*

Vous remarquez là-bas cet autre terrain qui s'avance beaucoup plus dans l'étang et qui est entouré d'eau presque de tous côtés : c'est une *presqu'île* ou *péninsule*, et le petit espace étroit par lequel on peut y arriver à pied est un *isthme.* Nous sommes maintenant sur un rocher qui s'avance plus dans l'eau que les autres parties du bord situées près de nous : c'est un *cap* ou un *promontoire*, ou, si vous aimez mieux, une *pointe*. Entre le cap où nous sommes et cet autre qui est un peu plus loin, il y a un espace où l'eau pénètre assez avant dans la terre : cet avancement est un *golfe*. En voilà un second un peu moins étendu, qui est une *baie*; un troisième moins considérable encore, et que nous appellerons une *anse* ou une *rade*; enfin cet autre si bien enfermé entre trois côtés du bord, que le vent ne pourrait pas facilement en faire sortir le bateau, lors même qu'il ne serait pas retenu par une corde : c'est un petit *port*, ou, si l'on veut, un petit *havre*. On trouve de tout cela sur les côtes de la mer, mais en grand.

Avant de quitter l'étang, remarquez l'espace étroit qui se trouve entre l'île et la presqu'île que je vous montrais tout à l'heure : c'est un *détroit*.

Remarquez aussi ces rochers qui s'élèvent du milieu de l'eau dans cet endroit, et qui rendraient là le passage de notre bateau très-difficile, surtout s'il faisait un grand vent et des vagues assez fortes : ce sont des *écueils*, des *récifs* ou des *brisants*; quand on en rencontre de semblables dans la mer, ils offrent de sérieux périls aux vaisseaux. Un peu plus loin, vous voyez un amas de sable qui s'élève un peu au-dessus de l'étang, et dont vous distinguez même le prolongement sous la surface limpide de l'eau : c'est un *banc de sable*, qui pourrait faire engraver très-dangereusement notre canot.

### Leçon [1].

Il y a sur la Terre, des terres et des eaux. Les plus grands espaces de terre sont les *continents*. Le vaste espace de terre dont la France fait partie est un *continent*.

Les *îles* sont des terres moins grandes, entourées d'eau de tous côtés. (Exemples : l'île d'Ouessant, Noirmoutier.)

Plusieurs îles rapprochées les unes des autres forment un *groupe d'îles*. (Les îles d'Hyères.) — Quand il y en a un trèsgrand nombre, cette réunion se nomme *archipel*. (Les îles Anglo-Normandes.)

1. Voyez, pour les exemples donnés, notre carte murale de France et notre plan des environs de Paris.

Les *presqu'îles* ou *péninsules* sont des espaces de terre environnés d'eau *presque* de tous côtés. (Le Cotentin, la Bretagne.)

Un *isthme* est un espace resserré entre deux masses d'eau. (Isthme des Pyrénées.)

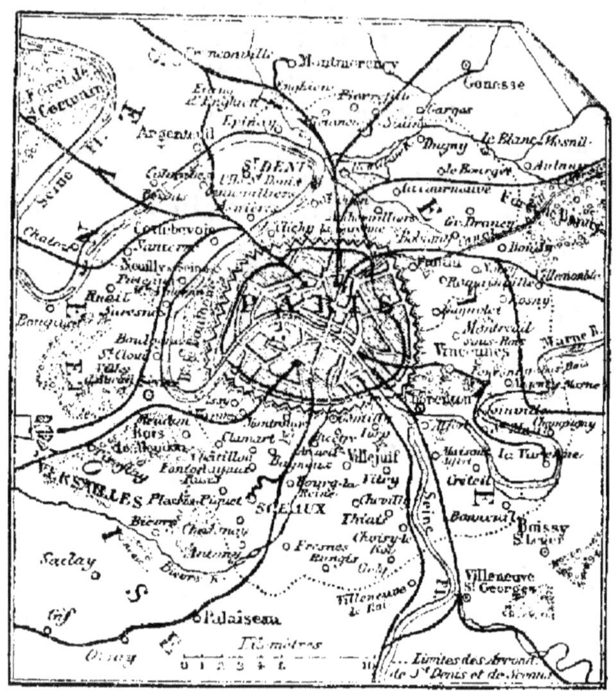

Environs de Paris.

Les *côtes* sont les bords des continents et des îles. (Côtes de la Bretagne, côtes de l'île d'Ouessant, etc.)

Les *caps*, les *pointes* et les *promontoires* sont les avancements des côtes. (Cap de la Hague, pointe de Corsen.)

La plus grande partie de l'eau répandue sur le globe terrestre forme ce qu'on appelle la *mer*. (La France est entourée par la mer de trois côtés.)

Les *océans* sont les plus grands espaces de mer. (L'océan Atlantique.)

Une *mer* est un espace moins grand qu'un *océan*. (La Manche, la Méditerranée, la mer du Nord.)

Les *golfes*, les *baies*, les *anses* et les *rades* sont des avancements de mer qui pénètrent dans les terres (golfe du Lion, baie du Mont Saint-Michel, anse de l'Aiguillon, rade de Brest).

Les *ports* ou *havres* sont des avancements plus petits, propres à servir d'asile aux vaisseaux. (**Port de Marseille, du Havre.**)

Les *détroits* sont des espaces de mer resserrés entre deux parties de terre. On donne souvent aussi à un détroit le nom de *canal*, ou ceux de *pas*, de *passe*, de *passage*, de *raz*, de *pertuis*, de *chenal*, de *goulet*. (Pas de Calais, détroit de Fro-mentine, pertuis Breton, etc.)

Les *étangs* sont de petits lacs artificiels. (Exemple : l'étang d'Enghien, appelé aussi lac d'Enghien.)

Les *lagunes* sont des espèces de lacs placés près des côtes et communiquant avec la mer. On les appelle souvent étangs. (Exemple : l'étang de Thau.)

Les *lacs* sont de grands amas d'eau placés au milieu des terres. (Lac de Genève.)

Les *marais* sont des amas d'eau peu profonds situés dans les terres. (Marais de la Grande-Brière, dans le sud de la Bretagne.)

Les *mares* sont les plus petits amas d'eau. (Mare d'Auteuil, dans le bois de Boulogne.)

Des rochers placés au milieu de la mer et dangereux pour les navigateurs s'appellent *écueils*, *récifs*, *brisants*. (Les rochers du Calvados, dans la Manche.)

Les espaces sablonneux, qui se trouvent dans l'eau et qui sont également dangereux pour la navigation, se nomment *bancs de sable*. (Bancs de Dunkerque.)

Les vents qui soufflent sur la mer et les lacs y produisent des élévations mobiles qu'on appelle *vagues*, *ondes*, *lames*, *flots*.

Il y a, dans la mer, des *courants*, qui portent les eaux dans certaines directions.

Par l'effet de l'attraction de la Lune et du Soleil, les eaux de la mer s'élèvent et s'abaissent tour à tour deux fois par jour : c'est ce qu'on appelle les *marées*. La marée montante prend le nom de *flux*, et la marée descendante celui de *reflux*.

(Les marées sont très-fortes dans la Manche, mais presque nulles dans la Méditerranée.)

## IV. — SUITE DES TERMES GÉOGRAPHIQUES. — COURS D'EAU, MONTAGNES, PLAINES, ETC.

### Lecture.

Faisons encore une promenade au bord de l'étang. Nous voici arrivés à l'*embouchure* de la petite *rivière* qui vient le former, c'est-à-dire à l'endroit même où elle se jette dans l'étang. Ce sont ses eaux qu'on a arrêtées par la chaussée que vous apercevez là-bas, et en s'amoncelant elles ont enfin produit la masse liquide que nous voyons. Elles déborderaient par-dessus la chaussée, si l'on n'avait établi à travers celle-ci un passage par lequel elles s'écoulent.

Remontons le long de cette rivière. Les rives en sont agréablement ornées de saules et de peupliers; l'eau est limpide, et l'on voit facilement le fond de sable et de gravier sur lequel elle roule doucement. Mais voici un endroit où elle coule très-rapidement et très-bruyammnent sur les cailloux : elle devient un *torrent;* elle tombe avec fracas du haut d'une masse de rochers : c'est une *cascade.* N'aimez-vous pas le murmure de cette chute d'eau, qui interrompt seule ici le silence de la campagne?

C'est une chute bien petite, comparée à celles qu'on voit dans beaucoup d'autres lieux; il y a de larges rivières qui se précipitent avec un bruit terrible d'une hauteur bien plus grande que celle-là : ce sont alors des *cataractes,* et l'aspect en est magnifique.

Profitons de ce petit pont pour passer de l'autre côté de la rivière. Nous étions sur la *rive droite*, nous allons maintenant nous trouver sur la *rive gauche*.

À quoi reconnaît-on la rive droite et la rive gauche? Le voici : Figurez-vous que la rivière est quelqu'un qui marche et descend, et supposez-lui une main droite et une main gauche. Le côté droit et le côté gauche de la rivière sont précisément à droite et à gauche d'une personne qui a la figure tournée dans la direction où le cours d'eau coule. Ainsi, nous sommes maintenant au milieu du pont; nous nous tournons du côté de l'étang où va se jeter la rivière; vous voyez l'eau descendre là-bas devant nous : eh bien! à notre droite est la rive droite de la rivière, à notre gauche est la rive gauche.

**Voici** un autre cours d'eau qui est *affluent* de celui-ci,

c'est-à-dire qui vient s'y jeter. Il est plus plus petit : ce n'est qu'un *ruisseau.* Vous voyez l'endroit où il mêle ses eaux à celles de la rivière : c'est ce qu'on appelle un *confluent*.

Ce ruisseau est assez étroit pour que nous le franchissions en sautant. Nous ne pourrions pas traverser la rivière de la même manière, car elle est trop large. Mais il y a des cours d'eau bien plus grands encore que cette rivière, que nous avons passée sur un pont de deux petites arches. Il y en a sur lesquelles on a bâti des ponts de dix, quinze, vingt arches.

La rivière que nous avons suivie se jette, loin au-dessous de l'étang, dans une grande rivière, ou plutôt dans un *fleuve*, qui coule pendant bien longtemps, et qui a enfin son *embouchure* dans la mer. Il y circule de grands bateaux, qui portent beaucoup de voyageurs et de marchandises.

Évitons cette espèce de prairie, qui n'est pas formée de jolis gazons fins comme les autres, mais qui est remplie de grandes herbes dures, de joncs et de roseaux; les eaux y séjournent tristement, car il n'y a pas assez de pente pour qu'elles puissent s'écouler; on y rencontre partout de grandes fondrières : c'est un *marais;* il en sort des vapeurs malsaines. On a commencé un grand fossé pour recevoir les eaux stagnantes et dessécher un peu cet endroit; ce fossé est ce qu'on appelle un *canal*. On fait souvent d'autres canaux plus grands que celui-là et qui servent à porter des bateaux ; ils sont comme de grandes rivières artificielles.

Éloignons-nous de ce marais, et remontons notre ruisseau. Dans une heure, nous serons à l'endroit où il commence.

Admirez les deux pentes si vertes, si bien cultivées, entre lesquelles nous marchons maintenant. Nous sommes dans une *vallée* ou plutôt dans un *vallon*, car une vallée est bien plus grande que cela. Le ruisseau coule au milieu.

Nous nous trouvons dans un endroit où le vallon se rétrécit beaucoup. Il n'y a juste assez d'espace que pour le cours du ruisseau et pour le petit sentier que nous suivons. Voyez comme nous sommes étroitement resserrés entre le rocher escarpé et le bord de l'eau. Ce passage est un petit *défilé*.

Nous sommes enfin au haut du vallon, car nous voilà parvenus à l'endroit où commence notre ruisseau ; l'eau sort limpide et pure de cette petite grotte formée par des rochers ; c'est la *source* du ruisseau. Cette eau va entreprendre un bien long voyage : elle s'écoulera dans la *rivière* que nous avons vue tout à l'heure ; la rivière la portera dans le *fleuve* dont je vous parlais, et le fleuve ira l'engloutir dans la mer par une *embouchure.*

Montons encore quelques pas. Nous nous trouvons maintenant sur un terrain élevé et plat qu'on appelle un *plateau :* l'air y est plus vif et il y fait plus frais que dans la *plaine*, ce grand espace plat aussi, mais bas et verdoyant, que vous voyez là-bas, et qui est couvert de riches prairies.

N'allez pas croire que toutes les plaines soient fertiles et riantes, comme celle-ci ; il y en a de fort tristes et de fort nues : tenez, regardez ce terrain inculte qu'on appelle une *lande*, espace plat aussi et sans aucune habitation, sans arbres, qui n'a pour toute végétation que de sèches bruyères ; c'est un petit *désert.* Il y a, dans certaines contrées, surtout dans les pays chauds, des déserts très-vastes et que l'on met plusieurs mois à franchir, en ne rencontrant que des sables arides ou des terrains rocailleux, sans eau, sans abri. Quelquefois cependant un petit espace rafraîchi par quelque source et orné de verdure, d'un bouquet d'arbres, vient surprendre agréablement le voyageur au milieu de si affreuses solitudes : ces cantons fertiles isolés dans les déserts s'appellent *oasis.*

La lande que vous voyez se prolonge par une espèce de langue de sable jusqu'à l'étang ; le vent agite souvent ce sable ; il l'a amoncelé, comme vous pouvez le distinguer d'ici, en faibles hauteurs le long de la rive : c'est l'image, en petit, des *dunes* que les vents élèvent sur les bords de la mer.

Avant de quitter la belle vue dont nous jouissons d'ici, remarquez, je vous prie, que la rivière qui forme l'étang et qui en sort reçoit plusieurs ruisseaux ; que ceux-ci, à leur tour, se grossissent de ruisseaux plus petits. Eh bien, tout cet ensemble des eaux qui se réunissent dans la rivière, et des terrains qu'elles arrosent, forme le *bassin* de cette rivière ; une large ceinture de hauteurs l'environne. — Il y a, de même, des *bassins de fleuve* et qui sont bien plus grands.

Tout en parcourant notre plateau, nous sommes arrivés au pied d'une hauteur, que nous pourrons gravir facilement : d'un côté, cependant, elle est escarpée et n'offre que des *flancs* ou *revers* presque inabordables ; prenons plutôt, pour y monter, cette pente douce qu'on appelle une *côte* ou un *coteau*, et avançons-nous vers son point le plus haut.

Nous y voilà : c'est le *sommet* ou la *cime* de cette éminence, fort médiocre d'ailleurs et qui n'est qu'une *colline*, qu'une *butte* ou un *monticule*. Nous ne sommes là qu'à environ 100 mètres au-dessus de l'étang, qui est lui-même à 50 mètres au-dessus du niveau de la mer; ainsi, nous nous trouvons à 150 mètres d'*altitude*, car on appelle ainsi l'élévation d'un point au-dessus du niveau de la mer.

Chaîne de montagnes.

Quand nous voyagerons dans des pays lointains, nous ferons l'ascension de hauteurs bien plus grandes, de vraies *montagnes*, de *monts* dignes de ce nom, comme les Cévennes, qui ont 1800 mètres d'altitude, les Pyrénées, qui ont 3500 mètres, les Alpes, qui ont plus de 4000 mètres. Il fait très-froid sur ces hauts sommets, et des neiges et des glaces les couvrent éternellement.

De notre sommet, la vue s'étend fort loin : vous voyez une route bien droite, où circulent des voitures auxquelles sont attelés des chevaux; — un chemin de fer, où la locomotive à vapeur entraîne une longue suite de wagons, sur des rails ou barre de fer, propres à porter les roues, qui y roulent avec la plus grande facilité; — un fleuve, où des bateaux vont et viennent, les uns au moyen de la vapeur, qui fait mouvoir les roues ou des hélices ; les autres emportés en descendant par le simple courant de l'eau ; d'autres poussés par des voiles que gonfle le vent, plusieurs enfin par des rames que manient des mains vigoureuses.

Vous voyez aussi un canal, et vous remarquez qu'un bateau qui s'y trouve en ce moment se dirige vers un point beaucoup plus élevé que celui d'où il vient. Comment pourra-t-il y monter, vous dites-vous ? Et comment l'eau du canal paraît-elle sans mouvement, puisqu'il y a une pente si forte ? Cela est l'effet d'*écluses*, dont voici l'explication ; ce sont des parties du canal disposées en gradins et formant des bassins ou biefs, avec des portes énormes qu'on ferme et qu'on ouvre à volonté, pour arrêter ou pour faire écouler l'eau. Ainsi, lorsqu'on veut monter, on ouvre les portes au dessus du bateau ; l'eau qui était arrêtée par l'écluse, se précipite dans la partie plus basse où se trouve le bateau, et elle s'y élève bientôt au niveau de la partie supérieure du canal, parce qu'il y a plus loin, au-dessous, d'autres portes qui la retiennent.

Vous remarquez que la colline où nous sommes tient à une colline, que cette seconde touche à une troisième, et que plusieurs autres sont la continuation de celle-ci. C'est une *chaîne de collines*. Il y a, de même, des *chaînes de montagnes*, très-vastes, très-imposantes, avec des sommets majestueux, couverts de neiges éternelles et de glaciers, et formant des *pics*, des *aiguilles*, d'un aspect magnifique.

La suite des sommets des collines qui composent cette chaîne, s'appelle l'*arête* ou la *crête* de la chaîne, et les pentes de celle-ci en sont les *versants*.

Les montagnes se sont probablement soulevées du sein de la Terre, par l'effet de la grande chaleur qui règne dans l'intérieur du globe ; elles sont une des choses les plus intéressantes de la géographie, et l'on ne se lasse pas de les examiner, de les étudier. Les plus curieuses peut-être sont celles qu'on appelle *volcans* ; il n'y en a pas aujourd'hui dans notre pays ; mais il y en a eu plusieurs vers le centre de la France. Les volcans sont en communication directe avec les parties brûlantes des entrailles de la Terre, et rejettent, par une large bouche nommée *cratère*, des flammes, des cendres, des gaz, des matières minérales fondues appelées *laves*, et toutes

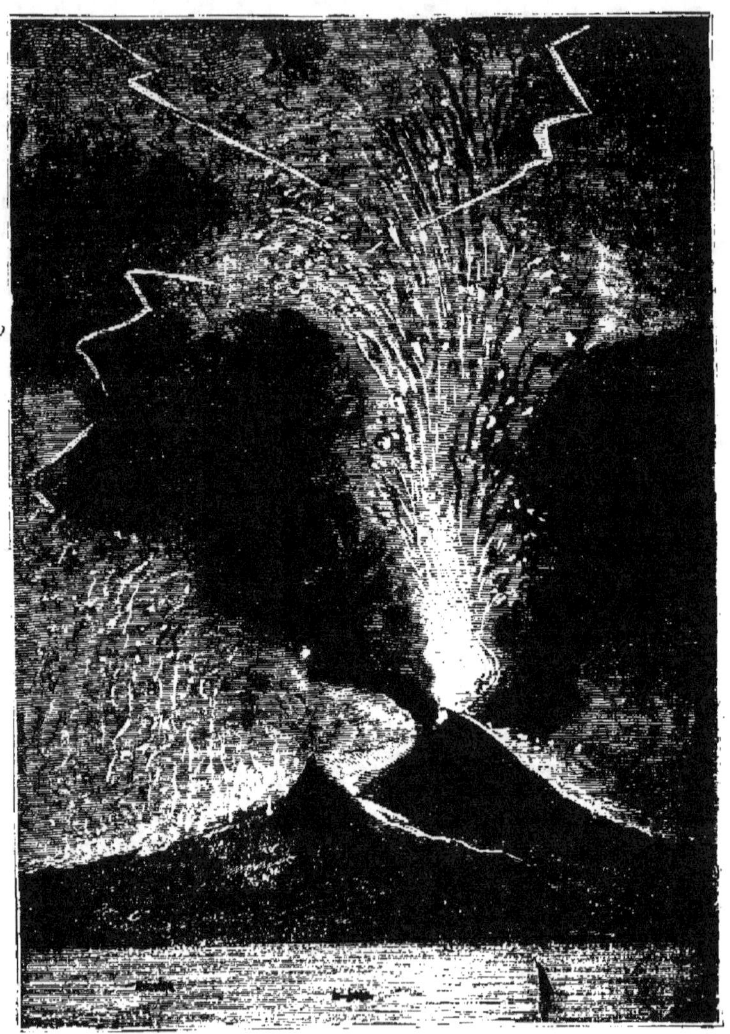

Volcan (le Vésuve).

sortes d'autres substances qui annoncent que nous habitons au-dessus d'un foyer ardent.

### Leçon

Les *plaines* sont de grands espaces de terrain plat (plaine de Saint-Denis, plaines de la Brie).

Les *déserts* et les *landes* sont des plaines arides. (Désert de la Crau, landes de Bordeaux et de Gascogne.) — On appelle *oasis* les petits espaces fertiles qui s'y trouvent (comme Sabres, dans le département des Landes).

Mont Valérien.

Les *monts* et les *montagnes* sont de grandes hauteurs (les Alpes, les Pyrénées); les *collines*, les *monticules*, les *buttes* (comme Montmartre, les buttes Chaumont, le Mont Valérien) sont moins élevés. — On appelle souvent *côte* le penchant d'une hauteur et quelquefois la hauteur tout entière. (Côte d'Or.) — Les *dunes* sont les collines sablonneuses des bords de la mer. (Dunes de Dunkerque.)

Le *sommet* est le point le plus élevé d'une montagne; le *pied* en est la partie la plus basse. (Le sommet et le pied du mont Valérien).

Une *chaîne de montagnes* est formée de plusieurs montagnes jointes les unes aux autres. (Les Alpes, les Cévennes.)

On nomme *plateaux* des territoires élevés et plats, souvent entourés ou couronnés de montagnes, et quelquefois formant les sommets de certaines montagnes. (Plateau central de la France, plateau d'Avron, plateau du mont Valérien.)

Glacier.

Les penchants d'une montagne ou d'une chaîne de montagnes s'appellent *flancs*, *revers* ou *versants*. (Versants des Alpes.) On appelle aussi *versant* tout un grand territoire incliné vers telle ou telle mer. (Le versant de la Manche.)

Les *volcans* sont des montagnes qui présentent de grandes ouvertures nommées *cratères*, d'où sortent des flammes, de

la fumée et des minéraux fondus. (Il y a d'anciens volcans et
d'anciens cratères en Auvergne.)

Stalactites et stalagmites.

Un *défilé* ou *col* est un passage étroit entre deux sommets
de montagnes, ou entre une montagne et la mer. (Col de
Valdoye, près de Belfort, col du mont Genèvre.)

Les *vallées* et les *vallons* sont des espaces profonds qui se
trouvent entre deux montagnes ou entre deux chaînes de
montagnes (vallée de Campan, vallon d'Arcueil).

Les *bois* et les *forêts* sont de grandes réunions d'arbr
(bois de Boulogne, forêt de Saint-Germain).

Les *glaciers* sont les amas de glace et de neige durcie qui
couvrent certaines parties des hautes montagnes. — Les *ava-
lanches* sont des masses de neige qui descendent avec rapidité du haut des montagnes et se précipitent dans les vallées
voisines.

Les *grottes* et les *cavernes* sont des profondeurs au milieu
des rochers : elles sont souvent ornées de *stalactites* et de
*stalagmites*, masses coniques formées de matières minérales
déposées par les eaux ; les premières sont suspendues à la
voûte de ces cavités, les secondes sont appuyées sur le sol.

### TERMES APPLIQUÉS AUX EAUX QUI COULENT SUR LES TERRES.

Un *fleuve* est un grand cours d'eau qui va se jeter dans la
mer (la Seine, la Loire). — Une *rivière* est un cours d'eau
qui perd son nom en se joignant à un autre (la Marne,
l'Yonne) ; cependant, quand un cours d'eau qui se rend directement dans la mer n'est pas considérable, il s'appelle
*rivière* (l'Orne, la Vire).

Un *ruisseau* est un très-petit cours d'eau (ruisseau de
Montfort, qui passe à Aubervilliers, dép. de la Seine).

Les *torrents* sont des cours d'eau très-rapides et qui, ordinairement, n'existent qu'à certaines époques de l'année, aux
moments des grandes pluies ou de la fonte des neiges (le Var,
le Gave de Gavarnie).

La *source* d'un cours d'eau est l'endroit où il commence ;
son *embouchure* est l'endroit où il se jette dans la mer (source
et embouchure de la Seine). Plusieurs embouchures s'appellent aussi *bouches* (bouches du Rhône). Le territoire compris
entre la mer et les branches d'un fleuve se nomme *delta*.
(La Camargue est le delta du Rhône.)

On nomme *estuaires* les très-larges embouchures de certains fleuves. (Estuaire de la Seine, estuaire de la Gironde, qui
est la partie inférieure du cours de la Garonne.)

L'endroit où deux cours d'eau se réunissent est un *confluent*. (Charenton est près du confluent de la Seine et de la
Marne.)

Les *affluents* d'un cours d'eau sont les divers cours d'eau qu'il reçoit. (La Marne est affluent de la Seine.)

Les deux rives d'un cours d'eau s'appellent *rive droite* et *rive gauche*. Pour les reconnaître, il faut se figurer que le cours d'eau est une personne qui descend vers l'endroit où il se termine, et qui a un côté droit et un côté gauche. (Boulogne est sur la rive droite de la Seine ; Choisy-le-Roi, sur la rive gauche).

Le *bassin* d'un fleuve est le territoire arrosé par ce fleuve et par ses affluents, et entouré d'une ceinture de hauteurs appelée le partage des eaux. (Le bassin de la Seine est entouré par les hauteurs de la Côte d'Or, du Morvan, etc.)

Un *étang* est un amas d'eau formé par un ruisseau dont on arrête le courant au moyen d'une chaussée. (Étang d'Enghien.) On applique aussi le nom d'*étangs*, ou celui de *lagunes*, à des amas d'eau voisins des côtes et communiquant avec la mer. (Étang de Thau, étang de Berre.)

Mare d'Auteuil.

Une masse d'eau plus petite qu'un étang et sans écoulement est une *mare*. (Exemple : mare d'Auteuil.)

Une chute d'eau se nomme *cascade* ou *cataracte*. (Le Gave

de Gavarnie forme une cascade ; le Rhin forme une cataracte en Suisse.)

Un *canal* est un grand fossé où l'on introduit de l'eau, principalement pour y faire circuler les bateaux. (Canal Saint-Martin, canal de Saint-Quentin.)

Il y a des canaux *latéraux*, qui longent les rivières dont ils prennent les eaux (exemple, le canal latéral à la Loire); les canaux de *jonction* unissent deux bassins de cours d'eau. (Exemple : le canal du Centre, qui va de la Loire à la Saône.)

Les *écluses* sont des bassins munis de portes, au moyen desquels les bateaux peuvent changer de niveau dans un canal, et le descendre et le remonter, quand il passe sur des terrains élevés.

Les *chemins de fer* et les *routes* composent, avec les canaux et les cours d'eau, les principales *voies de communication* à travers les terres.

V — LE HAMEAU, LE VILLAGE, LE BOURG, LA VILLE, LA COMMUNE, LE CANTON, L'ARRONDISSEMENT, LE DÉPAR-TEMENT.

### Lecture

Nous avons fait notre dernière promenade dans des endroits solitaires. Aujourd'hui dirigeons-nous vers les lieux habités. Allons voir les bons cultivateurs du voisinage. Vous apercevez déjà la chaumière d'un laboureur : la mère coud à la porte ; les enfants jouent devant elle sur le gazon ; l'aîné apprend à labourer avec son père, qui travaille pour les nourrir tous.

Le père, la mère et les enfants font une famille.

Plusieurs maisons sont bâties les unes à côté des autres. Comptez-les ; en voilà dix. Elles composent un *hameau*. Plusieurs familles y vivent paisiblement.

Entendez-vous la cloche qui appelle ces braves gens à la maison de Dieu? Nous serons bientôt arrivés à l'église; son haut clocher s'aperçoit au loin au-dessus des arbres. Il y a là plus de maisons que dans le hameau : on peut en compter une vingtaine, une trentaine même. Voici celle qu'habite le curé ; cette autre est le séjour du maire. Tout ce groupe de maisons forme un *village;* avec les hameaux qui en dépendent, il compose une *commune.*

Tournons de ce côté; dans une demi-heure, nous trouverons une autre réunion de maisons. Déjà vous en distinguez quelques-unes. Beaucoup de gens se rendent vers ces maisons

Hameau.

avec des fardeaux et du bétail : c'est le jour du marché. Entrons avec eux dans l'endroit : il y a ici bien plus de mouve-

Village.

ment que dans le village que nous venons de quitter. Voilà des boutiques d'épiciers, de boulangers, de cordonniers, et beaucoup d'autres; il s'y fait plus de commerce, et il y a trois ou quatre fois plus d'habitants. Le lieu où nous sommes est un *bourg*. S'il y avait un plus grand nombre de maisons, ce serait une *ville* ou une *cité*. Il y a des villes qui ne sont pas beaucoup plus considérables que ce bourg ; mais il y en a aussi de bien plus grandes ; et Paris, par exemple, contient environ mille fois autant d'habitants.

Petite ville ou grand bourg.

Le bourg que nous venons de visiter a, de même que la commune où est le village, et toutes les communes voisines, un chef nommé *maire*, qui la dirige de concert avec un *conseil municipal ;* cet endroit assez important est, de plus, la résidence d'un *juge de paix*, chargé de régler les affaires de justice dans toute une étendue comprenant une dizaine de communes. Cette étendue forme un *canton*. Plusieurs cantons semblables composent un *arrondissement,* dont le chef est un *sous-préfet*.

Tous les départements réunis (comme, dans d'autres pays, des divisions du même genre qui s'appellent provinces, comtés ou autrement) dépendent d'une direction générale qui forme le *gouvernement ;* ils sont soumis aux mêmes lois et constituent un *État*. Tous les habitants s'appellent compatriotes ou concitoyens, et composent une *nation*, un *peuple*.

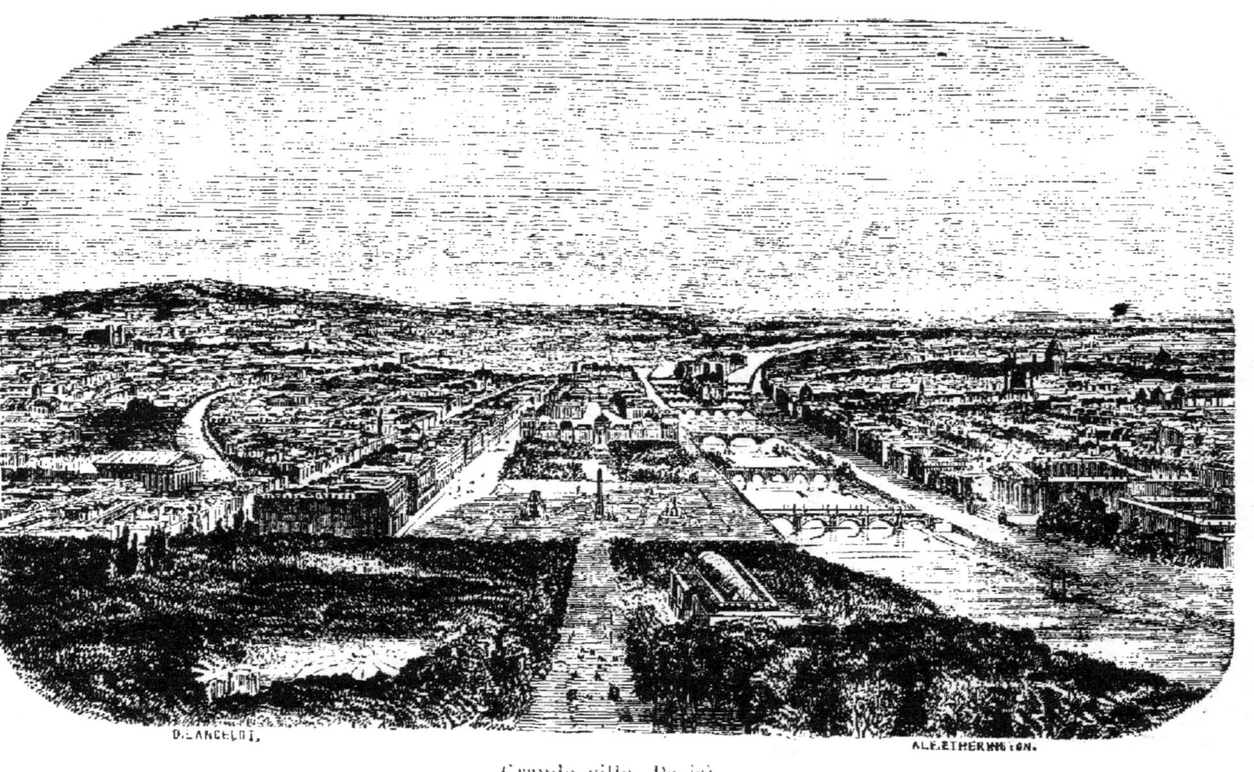

Grande ville (Paris).

L'État est tantôt une *république*, quand il est gouverné par plusieurs chefs, que les habitants nomment ordinairement eux-mêmes; tantôt un *royaume*, quand il est gouverné par un roi ; tantôt un *empire*, quand le chef est un empereur.

### Leçon.

Une grande réunion de maisons est une *ville*. (Exemples : Paris, Saint-Denis.)

Une agglomération moins considérable, ayant environ 2 à 3000 habitants, est un *bourg*. (Exemple : Montrouge.)

Une réunion de maisons encore plus petite est un *village*. (Exemple : Fontenay-aux-Roses.)

Un *hameau* est la plus petite réunion d'habitations. (Exemple : Aunay, près de Sceaux.)

Une *commune* est une circonscription administrée par un maire et par un conseil municipal; elle a pour chef-lieu soit un village, soit un bourg, soit une ville. Elle peut avoir dans sa dépendance plusieurs hameaux. (Exemple : Châtenay, qui a, parmi ses dépendances, le hameau d'Aunay.)

Un *canton* est une circonscription administrée, pour les affaires de justice, par un juge de paix et qui comprend plusieurs communes. (Exemple : le canton de Vincennes, qui, outre la commune de Vincennes, renferme celles de Fontenay-sous-Bois, Montreuil-sous-Bois, Rosny, St-Mandé, Villemonble.)

Un *arrondissement* est une circonscription administrée par un sous-préfet (excepté quand l'arrondissement a pour chef-lieu le chef-lieu même du département, alors c'est le préfet qui l'administre). Il comprend plusieurs cantons. (Exemples : l'arrondissement de Saint-Denis, composé des cantons de Saint-Denis, Courbevoie, Neuilly et Pantin ; — l'arrondissement de Sceaux, composé des cantons de Sceaux, Charenton, Villejuif et Vincennes.)

Un conseil d'arrondissement, élu par les habitants, participe à l'administration de l'arrondissement.

Un *département* est une circonscription administrée par un préfet et comprenant plusieurs arrondissements. (Exemples : le département de Seine-et-Oise, renfermant les arrondissements de Versailles, Corbeil, Étampes, Mantes, Pontoise et Rambouillet: — le département de la Seine, renfermant les arrondissements de Saint-Denis et Sceaux, et, de plus, Paris, son chef-lieu, qui, par exception, n'est pas le chef-lieu d'un arrondissement territorial s'étendant autour de la ville, mais comprend dans son intérieur vingt arrondissements.)

Un conseil général, élu par les habitants, participe à l'administration du département.

Un *État* est un pays soumis à un même gouvernement, aux mêmes lois. (La France est un État.)

Une *république* est un État gouverné par plusieurs chefs. (La France est une république.) — Un *royaume* est un État gouverné par un roi. (L'Italie et la Belgique sont des royaumes.) — Un *empire* est un État gouverné par un empereur. (La Russie est un empire.)

Un *peuple* ou une *nation* se compose des habitants d'un même État. (Les Français sont une nation.)

## VI — FORME DE LA TERRE.

### Lecture.

Dans une immense plaine qui s'étend à perte de vue devant nous, et où il ne se trouve pas le moindre monticule, notre vue

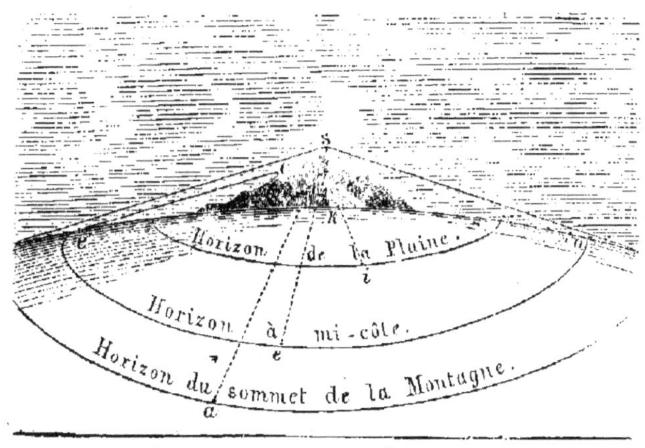


Horizon. — Courbure des terres.

cependant ne va pas au delà de huit ou dix kilomètres. Pourquoi? C'est parce que le sol n'est pas plat, mais arrondi, car il fait partie d'une boule énorme, qui est la Terre; nous cessons de voir en un certain endroit la surface de cette grande plaine, parce que, plus loin, elle s'abaisse au-dessous de notre vue.

De tous côtés, nos regards sont ainsi limités en quelque endroit sur la Terre; cette limite forme un grand cercle autour de nous, et s'appelle *horizon*.

L'horizon est surtout très-sensible et très-appréciable sur l'immense plaine d'eau qu'on appelle la mer : si un vaisseau se dirige vers le rivage où nous sommes placés, on ne voit d'abord, dans le lointain, que le haut des mâts; à mesure que le bâtiment approche, nous le découvrons davantage : on en distingue bientôt la moitié, puis les trois quarts; enfin il se montre tout entier quand il n'est qu'à la distance d'une huitaine de kilomètres.

Les hauteurs des environs de Paris ont de cent à deux cents mètres d'élévation au-dessus de la plaine. Cependant elles sont fort petites, comparées à d'autres montagnes, car il y en a qui ont jusqu'à sept mille, huit mille et près de neuf mille mètres de haut, c'est-à-dire neuf kilomètres.

A la vue de ces profondeurs et de ces montagnes qui nous paraissent si grandes, on se dit d'abord qu'il est bien difficile que la Terre soit ronde. Mais il faut réfléchir que la Terre est énorme en comparaison de tout cela ; car elle a quarante mille kilomètres de tour, et tout son diamètre, depuis le lieu où nous sommes jusqu'à la partie absolument opposée à nos pieds, a environ treize mille kilomètres. Que sont

Courbure des mers.

des montagnes de huit à neuf kilomètres auprès d'une si grande étendue ? Elles ne sont pas plus grosses sur la Terre que les taupinières que nous voyons çà et là ne le sont sur la surface d'une plaine. La peau d'une orange est parsemée de petites inégalités, et cependant on dit que ce fruit est rond. Eh bien ! les hauteurs et les précipices qui se rencontrent sur la Terre ne l'empêchent pas davantage d'être ronde.

### Leçon.

*L'horizon* est la limite de la vue tout autour de nous. Il prouve la forme arrondie de la Terre.

La Terre est donc un *globe*, comme la Lune, comme le Soleil.

Les montagnes n'empêchent pas la Terre d'être ronde, parce qu'elles ne sont rien comparativement à sa grosseur : le globe terrestre, en effet, a 40 000 kilomètres de tour ou environ 13 000 kilomètres de diamètre, tandis que les plus hautes montagnes (les monts Himalaya, en Asie) n'ont que 8 à 9 kilomètres de hauteur. Les Alpes et les Pyrénées, c'est-à-dire les plus hautes montagnes qui touchent la France, n'ont qu'environ 4 kilomètres. Les hauteurs qui environnent Paris n'ont que 100 à 200 mètres.

## VII. — GLOBE TERRESTRE, MOUVEMENT DE LA TERRE, AXE, POLES, ÉQUATEUR.

### Lecture.

Le moyen le plus exact de représenter la Terre, c'est de la figurer par un *globe artificiel*. On peut faire mouvoir ce globe sur lui-même, pour imiter le mouvement que la Terre fait réellement aussi sur elle-même; la petite barre de fer sur laquelle il tourne s'appelle *axe*. La Terre véritable n'est pas traversée ainsi par une barre de métal : elle ne tourne que sur une ligne imaginaire, qui est son axe.

Les extrémités de l'axe de la Terre sont les *pôles*. L'un est le pôle nord ou arctique, c'est-à-dire de l'Ourse, parce qu'il est placé vis-à-vis de la constellation (groupe d'étoiles) de la Petite Ourse et plus particulièrement dans la direction de l'étoile qu'à cause même de ce pôle on a nommée Polaire. L'autre est le pôle sud ou antarctique.

Le grand cercle qui, à égale distance des deux pôles, divise la Terre en deux parties absolument aussi grandes l'une que l'autre, se nomme *équateur* ou *ligne équinoxiale*. Chacune de ces deux parties égales ou demi-boules s'appelle *hémisphère :* l'une est l'hémisphère boréal (ou du nord), l'autre l'hémisphère austra (ou du sud).

L'équateur est dans la partie la plus chaude de la Terre, car le Soleil y darde directement ses rayons. A mesure qu'on

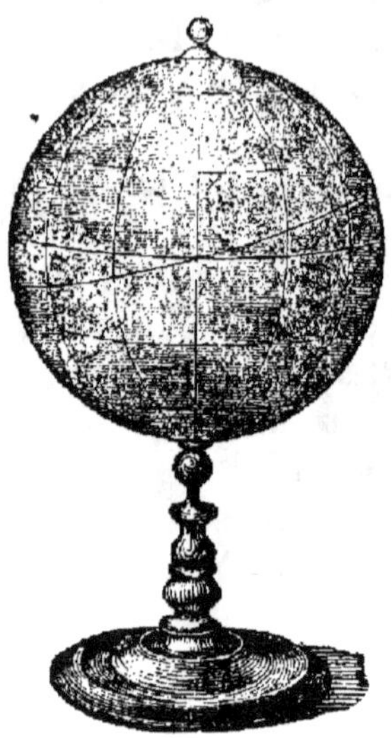

Globe terrestre.

s'éloigne de cette région, et qu'on s'avance vers le pôle nord ou vers le pôle sud, il fait de plus en plus froid. En France, par exemple, il fait plus chaud au sud qu'au nord, parce que le sud de ce pays est plus près de l'équateur que le nord. Mais,

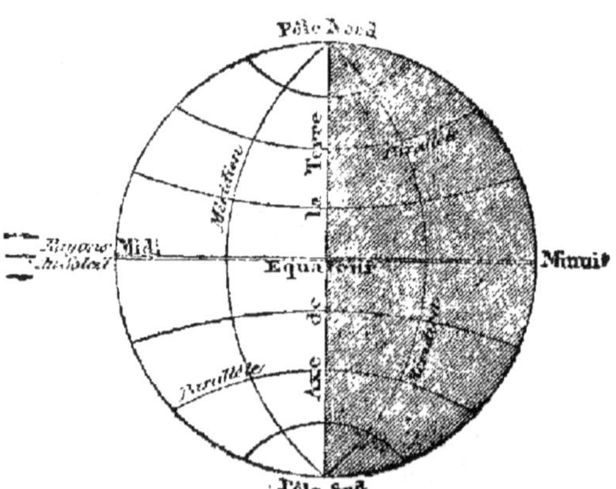


Mouvement de la Terre, axe, pôles, équateur.

dans les contrées placées dans l'hémisphère austral, il fait plus chaud au nord qu'au sud.

### Leçon.

Les *globes artificiels* sont la plus exacte représentation de la Terre.

La Terre tourne sur elle-même en un jour de 24 heures, qui se divise en deux parties : le jour proprement dit et la nuit.

L'*axe* est la ligne imaginaire sur laquelle elle fait ce mouvement.

Les *pôles* sont les deux extrémités de l'axe : l'un est le *pôle arctique* ou *nord*; l'autre, le *pôle antarctique* ou *sud*.

L'*Équateur*, ou *ligne équinoxiale*, est un grand cercle qui se trouve à égale distance des deux pôles, et qui divise la Terre en deux demi-boules ou *hémisphères* : l'*hémisphère boréal* et l'*hémisphère austral*. Ce cercle est dans la partie la plus chaude de la Terre, car le Soleil y darde directement ses rayons. Il fait très-froid vers les pôles.

## VIII. — CARTES.

### Lecture.

On peut dessiner la Terre ou des parties de la Terre sur le papier, c'est ce qu'on appelle une *carte*.

La *mappemonde* est une carte qui montre la Terre divisée en deux hémisphères, parce qu'il serait impossible de voir sur le papier le globe tout entier, tel qu'il est naturellement.

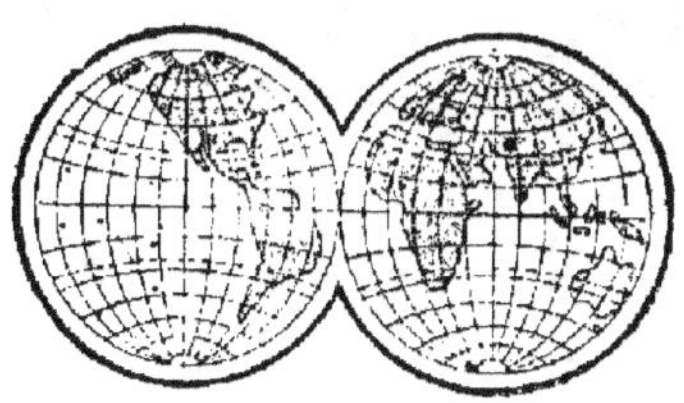

Mappemonde.

Si l'on voulait dessiner le globe sans le diviser, la moitié de dessus cacherait celle de dessous. Mettons, par exemple, une pomme sur une table; en voyons-nous toute la surface? Non assurément. Mais coupons-la par la moitié, et plaçons chacun des deux morceaux à plat sur la table; à présent nous apercevons toutes les parties de la peau du fruit.

Une carte qui représente la Terre sans en rappeler du tout
la forme arrondie, est un *planisphère*, qui a l'avantage d'offrir, d'un coup d'œil et d'une manière plus développée, les
différentes parties du globe. Pour faire cette carte, on a en-

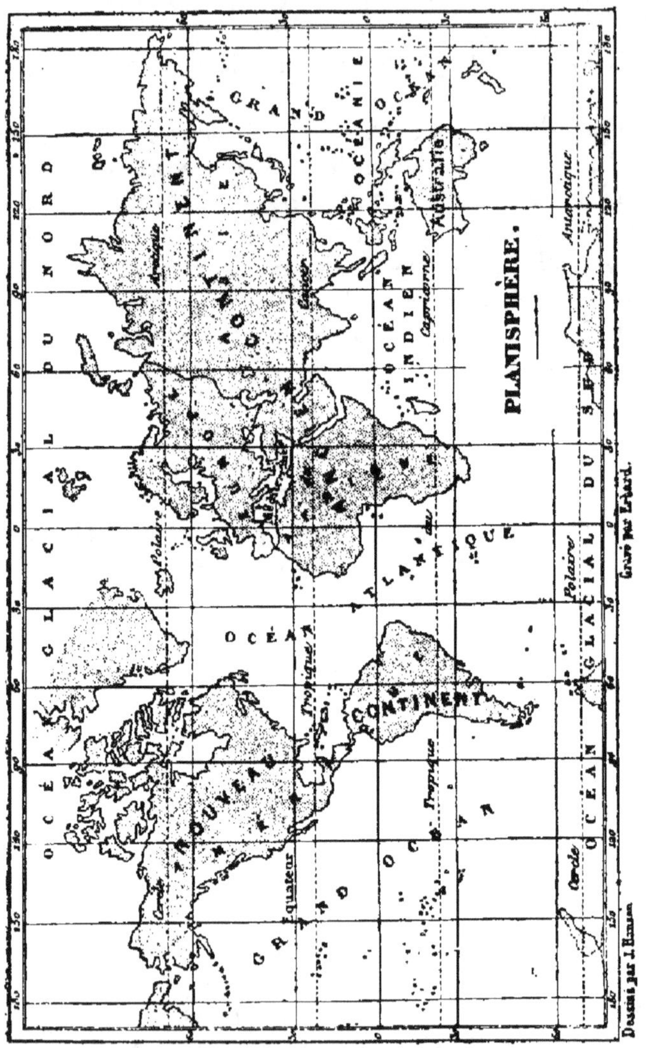


levé, en quelque sorte, à la Terre sa surface, et on l'a étendue
à plat sur le papier, en agrandissant démesurément les régions voisines des pôles.

On oriente ordinairement les cartes de manière à mettre le

nord en haut, le sud en bas, l'est à droite, et l'ouest à gauche.

On place habituellement à côté de chaque carte une petite mesure nommée *échelle*, au moyen de laquelle on peut évaluer sur ce dessin la distance des lieux et l'étendue du pays, soit en kilomètres, soit en myriamètres, soit en lieues communes de France, en lieues de poste, en milles ou toute autre mesure itinéraire. On dit qu'une échelle est au 2000e, quand la carte représente les choses dans des dimensions 2000 fois plus petites qu'elles ne le sont réellement; c'est alors une très-grande échelle, et cette carte s'appelle plutôt un *plan*. On y voit les rues, les champs, les moindres ruisseaux, les moindres collines, etc. (Nous en donnons un exemple.)

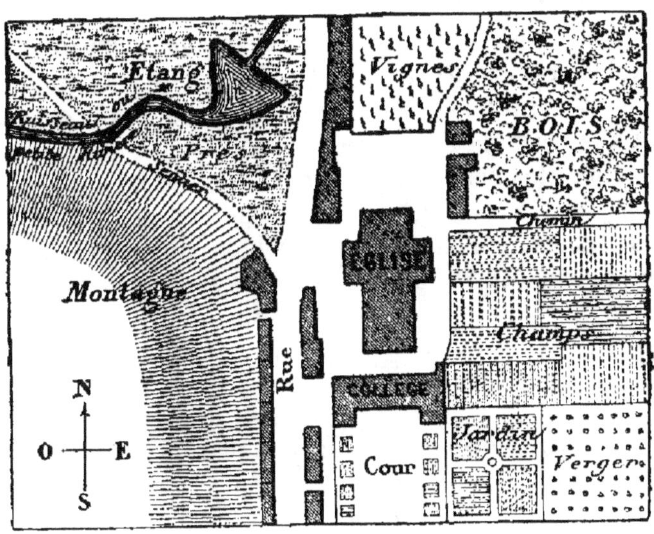


Environs d'un collége (au 2000e).

Sur une échelle plus petite, au 10 000e par exemple, on omettra quelques détails; on y indiquera cependant toutes les communes, tous les hameaux, toutes les forêts, tous les bois, tous les étangs. C'est une *carte topographique* à une grande échelle. On donne encore le nom de cartes topographiques à celles qui ont des échelles au 20 000e, au 50 000e, au 80 000e, au 100 000e, ou à des proportions intermédiaires

Les échelles plus petites (par exemple, au 500 000ᵉ, au 1 000 000ᵉ, au 2 000 000ᵉ, etc.) sont employées pour les cartes géographiques ordinaires, qui ne représentent le pays que d'une manière générale.

### Leçon.

Les cartes sont la représentation de la Terre ou de diverses parties de la Terre sur une surface plane.

On oriente ordinairement les cartes en mettant le nord en haut, le sud en bas, l'est à droite et l'ouest à gauche.

Une *mappemonde* est une carte qui montre tout le globe avec sa forme arrondie, et partagé en deux hémisphères.

Un *planisphère* représente la surface de la Terre sans en rappeler la forme, et en agrandissant démesurément les régions voisines des pôles.

Les échelles sont des mesures qui accompagnent les cartes et qui expriment le rapport du dessin avec le pays représenté. Elles sont au 2000ᵉ, au 5000ᵉ, au 10 000ᵉ, etc., suivant que l'étendue de la carte est 2000 fois, 5000 fois, 10 000 fois, etc., plus petite que le terrain représenté.

Celles qui ont la plus grande échelle sont des *plans*; au-dessous, ce sont des *cartes topographiques;* quand l'échelle est plus petite qu'un 100 000ᵉ, ce sont des cartes géographiques.

### IX. — LES CONTINENTS ET LES PARTIES DU MONDE [1].

La surface de la Terre est divisée en *terres* et en *eaux*.

Les terres occupent bien moins de place que les eaux sur cette surface; elles forment deux grands *continents.* Le plus grand, nommé *Ancien continent*, s'étend du N. E. au S. O., il comprend trois parties du monde; l'*Europe*, au N. O.; l'*Asie*, à l'E., et l'*Afrique*, au S. O. L'autre, qui est le *Nouveau continent*, s'allonge du N. au S.; il compose l'*Amérique*, qui est la quatrième partie du monde. Un *troisième continent*, moins considérable que les deux autres, et situé au S. E. de l'Ancien, dans l'hémisphère austral, s'appelle *Australie* ou *Nouvelle-Hollande*.

La partie du globe où l'on trouve le plus d'îles est au S. E.

1. Désormais tous les chapitres seront des *leçons*.

de l'Asie, dans le Grand océan ; les îles de cette région et l'Australie composent une cinquième partie du monde, nommée *Océanie.*

Il y a donc cinq parties du monde : l'*Europe*, l'*Asie*, l'*Afrique*, l'*Amérique* et l'*Océanie;* — et il y a trois continents : l'*Ancien*, le *Nouveau* et l'*Austral.*

En rattachant aux continents les îles qui les avoisinent, on distribue toutes les terres en trois *mondes : 1°* l'*Ancien monde*, qui comprend l'Ancien continent et les terres qui l'entourent; 2° le *Nouveau monde*, qui renferme le Nouveau continent et les îles environnantes; 3° le *monde Maritime*, qui se compose de l'Océanie.

## X. — DESCRIPTION GÉNÉRALE DE CHAQUE PARTIE DU MONDE.

L'EUROPE est la plus petite des cinq parties du monde, mais la plus importante par sa civilisation. Ce n'est pas celle où il y a le plus de productions ; mais c'est la mieux cultivée et la plus embellie par les travaux des hommes. Le climat y est généralement tempéré.

Les côtes de l'Europe sont extrêmement découpées ; on y voit beaucoup de presqu'îles, dont les principales sont la *Scandinavie*, au N., la péninsule *Hispanique* (comprenant l'Espagne et le Portugal), au S. O., l'*Italie* et la péninsule *Turco-Hellénique*, au S.

Plusieurs grandes îles dépendent de l'Europe ; on voit : au N. O., la *Grande-Bretagne* et l'*Irlande;* au S. , la *Corse*, la *Sardaigne*, la *Sicile* et *Candie;* au N. E. , la *Nouvelle-Zemble.* — Dans l'intérieur de cette partie du monde, les pays principaux sont la *France*, l'*Allemagne*, l'*Autriche*, la *Russie*.

L'ASIE, qui occupe l'E. de l'Ancien continent, est la plus grande des parties continentales du monde. Elle a aussi des côtes assez irrégulières. Au N., s'avance fort loin le cap *Nord-Est*, le plus boréal de l'Ancien continent; — à l'E., sont les presqu'îles de *Kamtschatka* et de *Corée ;* — au S., on voit les deux *presqu'îles de l'Inde*, c'est-à-dire la presqu'île de l'*Indo-Chine* (qui comprend celle de *Malaka*), et la presqu'île de l'*Hindoustan ; —* au S. O., est la presqu'île d'*Arabie ; —* à l'O., celle de l'*Asie Mineure.*

On remarque sur la côte orientale de l'Asie, les grandes îles du *Japon ;* au S., celle de *Ceylan.*

Les pays principaux de l'intérieur de l'Asie sont la *Sibérie,* la *Perse,* la *Chine.*

Il fait très-froid dans le N. de l'Asie, et très-chaud dans le S. Les plus hautes montagnes de la Terre et les plus grands plateaux se trouvent dans l'intérieur de cette partie du monde ; mais il y a aussi des plaines très-vastes dans quelques portions de l'Asie. Enfin cette contrée a un sol prodigieusement fertile dans plusieurs endroits, et elle renferme des déserts très-arides dans quelques autres.

L'AFRIQUE tient au reste de l'Ancien continent par l'isthme de Suez. Elle a une forme régulière et des côtes sans découpures. L'équateur la traverse vers le milieu, et c'est la plus chaude des parties du monde. Les côtes en sont très-fertiles ; mais l'intérieur renferme d'affreux déserts.

Il n'y a qu'une grande île vers les côtes : c'est celle de *Madagascar,* au S. E. Dans la partie continentale de l'Afrique, on remarque l'*Égypte,* la *Nubie,* l'*Abyssinie,* la *Barbarie* (où est comprise l'*Algérie*), le *Sahara* ou *Grand Désert,* la *Guinée,* le *Soudan* ou *Nigritie.*

L'AMÉRIQUE est formée de deux grandes masses : l'*Amérique septentrionale* et l'*Amérique méridionale,* qui son unies l'une à l'autre par l'isthme de Panama.

L'Amérique septentrionale a des côtes très-échancrées, comme celles de l'Europe et de l'Asie, et il s'y présente beaucoup de presqu'îles, telles que le *Labrador,* à l'E. ; la *Floride,* le *Yucatan,* au S., et la *Californie,* à l'O. On y remarque les *États-Unis,* l'*Amérique du Nord anglaise* (où se trouve le *Canada*), le *Mexique* et l'*Amérique centrale.*

L'Amérique méridionale a une forme régulière et des côtes très-uniformes, comme celles de l'Afrique. Les pays principaux sont : la *Colombie,* le *Vénézuéla,* la *Guyane,* le *Brésil,* la *Confédération Argentine,* l'*Uruguay,* le *Paraguay,* l'*Équateur,* le *Pérou,* la *Bolivie,* le *Chili* et la *Patagonie.*

Entre les deux Amériques, est l'archipel des *Antilles*, dont les principales îles sont *Cuba* et *Haïti*.

Dans le N. E. de l'Amérique septentrionale, se trouvent beaucoup d'îles, dont les plus considérables sout les terres du *Groenland*, l'*Islande*, *Terre-Neuve* et le *Spitzberg*. On rattache aussi volontiers ce dernier à l'Europe, au N. de laquelle il est situé. — Il y a aussi beaucoup d'îles dans le N. O., où l'on distingue particulièrement la longue chaîne des îles *Aléoutiennes*. — A l'extrémité de l'Amérique méridionale, se trouve l'archipel de la *Terre de Feu*.

Les parties les plus boréales de l'Amérique sont très-froides ; le climat est froid aussi vers l'extrémi é méridionale ; mais il fait très-chaud vers le milieu, qui est traversé par l'é-quateur. Le sol est généralement humide. Il y a beaucoup de lacs et de rivières : c'est là qu'on trouve les plus grands fleuves du monde ; on y voit aussi de longues et hautes chaînes de montagnes, et en même temps des plaines basses et fertiles.

L'OCÉANIE, composée d'un grand nombre de terres disséminées dans le Grand océan, au S. E. de l'Asie, est traversée par l'équateur ; cependant le climat n'y est pas brûlant, à cause des vents frais qu'y procure partout la mer.

La plupart des régions de l'Océanie offrent un bel aspect.

La principale terre y est l'*Australie*. Les autres régions les plus considérables sont les îles de *Sumatra*, *Java*, *Bornéo*, *Célèbes*, la *Nouvelle-Guinée* et la *Nouvelle-Zélande*.

La superficie des parties du monde est d'environ 135 millions de kilomètres carrés, et la population générale du globe s'élève à 1 milliard 200 millions d'habitants.

La France n'a que 527 000 kilomètres carrés et 36 millions et demi d'habitants.

### XI. — OCÉAN ET PRINCIPALES MERS, GRANDS GOLFES ET DÉTROITS LES PLUS REMARQUABLES.

La mer occupe les deux tiers de la surface du globe.

La partie la plus vaste de la mer est l'*Océan*. On divise l'Océan en cinq parties : 1° l'*océan Atlantique*, à l'O. de l'Ancien continent et à l'E. du Nouveau ; le *Grand océan*, ou l'océan *Pacifique*, à l'E. de l'Ancien continent et de l'Australie, et à l'O. de l'Amérique; 3° l'océan *Indien*, au S. de l'Asie, à l'E. de l'Afrique et à l'O. de l'Australie; 4° l'océan *Glacial arctique*, dans la partie la plus boréale du globe; 5° l'océan *Glacial antarctique*, dans la partie la plus australe.

Une *mer* est une partie de l'océan qui pénètre dans l'intérieur des terres.

Les *golfes* et les *baies* sont des enfoncements moins étendus que les mers.

La plus grande mer formée par l'océan Atlantique est la *Méditerranée*, qui s'avance profondément dans les terres, entre l'Europe, l'Afrique et l'Asie, et qui communique avec le reste de l'océan par le détroit de Gibraltar. Elle comprend d'autres mers : l'*Adriatique*, l'*Archipel*, la mer *Noire*, etc.

L'océan Atlantique forme encore, dans l'Ancien continent, la mer *Baltique* et la mer du *Nord*, en Europe; le golfe de *Guinée*, en Afrique; — sur la côte de l'Amérique, la mer d'*Hudson*, le golfe du *Mexique* et la mer des *Antilles*.

Le Grand océan comprend, au N., la mer de *Beering*, située entre l'Amérique et l'Asie, et jointe à l'océan Glacial par le détroit de Beering, qui sépare la pointe N. E. de l'Asie de la pointe N. O. de l'Amérique.

Il forme, à l'E., en Amérique, la mer *Vermeille* ou le golfe de *Californie*.

A l'O., sur la côte d'Asie, il renferme la mer du *Japon* et la mer de *Chine*.

L'océan Indien forme, au S. de l'Asie, le golfe du *Bengale*, la mer d'*Oman* et le golfe *Persique*.

Entre l'Afrique et l'Asie, il forme la mer *Rouge*, très-longue et très-étroite, et appelée aussi golfe *Arabique*.

L'océan Glacial arctique comprend la mer *Blanche*, en Europe, et la mer *Polaire*, en Amérique.

Le détroit le plus remarquable de la Terre est celui de *Beering*, qui sépare l'Ancien monde du Nouveau.

On peut nommer ensuite le détroit de *Gibraltar*, qui sépare l'Europe de l'Afrique et qui unit la Méditerranée à l'Atlantique; le détroit de *Bab-el-Mandeb*, qui sépare l'Asie de l'Afrique et unit la mer Rouge à l'océan Indien; le détroit de *Malaka*, qui sépare l'Asie de l'Océanie et unit l'océan

Indien à l'océan Pacifique; le détroit de *Magellan*, qui sépare la Terre de Feu du continent Américain et va de l'océan Atlantique à l'océan Pacifique.

## XII. — PRINCIPALES MONTAGNES DU GLOBE.

Chacun des deux grands continents est partagé en deux pentes principales ou deux *versants*.

L'Ancien continent verse ses eaux, d'un côté, dans l'océan Glacial arctique et l'océan Atlantique, et dans les mers qu'ils forment; de l'autre, dans le Grand océan et l'océan Indien.

Ces deux versants sont séparés l'un de l'autre par une longue suite de hauteurs, qui commence au cap *Oriental*, à l'extrémité N. E. de l'Asie, et finit au cap de *Bonne-Espérance*, à l'extrémité méridionale de l'Afrique.

Cette suite de hauteurs, qui forme l'*arête principale* de l'Ancien continent, porte beaucoup de noms particuliers. — Au centre de cette partie du monde, elle se divise en deux branches, qui entourent le grand *plateau central de l'Asie* et qui s'appellent monts *Altaï*, monts *Célestes*, etc. — Plus loin, elle s'appelle *Caucase indien*. — Après un grand circuit, elle arrive à l'isthme de Suez, et parcourt enfin l'Afrique.

Le Nouveau continent verse ses eaux, d'un côté, dans le Grand océan, et, de l'autre, dans l'océan Atlantique et l'océan Glacial arctique. Il est donc aussi partagé en deux *versants;* et ces versants sont séparés l'un de l'autre par une longue arête, qui commence au cap *Occidental*, en face du cap Oriental d'Asie, et qui se termine au cap *Froward*, à l'extrémité méridionale du continent américain. Cette arête passe, dans une grande partie de l'Amérique du Nord, par les monts *Rocheux;* — dans l'Amérique du Sud, par la *Cordillère des Andes*.

Ces deux grandes arêtes de l'Ancien et du Nouveau continent sont presque la continuation l'une de l'autre : car elles ne sont séparées que par le détroit de Beering, entre les caps Oriental et Occidental ; il y a donc, pour ainsi dire, sur la Terre un long dos qui s'étend depuis le cap de Bonne-Espérance jusqu'au cap Froward.

En dehors de cette grande arête principale de la Terre,

il faut remarquer, en Asie, les monts *Himalaya*, qui sont les plus hautes montagnes du globe ; — sur la frontière de l'Europe et de l'Asie, le mont *Caucase* et les monts *Ourals ;* — en Europe, les *Alpes* et les *Pyrénées ;* — en Afrique, le mont *Atlas ;* — en Amérique, la *Sierra Nevada*.

### XIII. — PRINCIPAUX FLEUVES DU GLOBE.

**Fleuves de l'Ancien continent.** — Les principaux fleuves qui coulent sur le versant de l'océan Glacial arctique, de l'océan Atlantique et des mers qu'ils forment, sont : la *Léna*, l'*Iéniseï* et l'*Obi*, en Asie ; — le *Rhin*, la *Seine*, la *Loire*, le *Tage*, le *Rhône*, le *Danube*, le *Dnieper*, le *Don*, en Europe ; — le *Nil*, le *Sénégal*, le *Niger*, en Afrique.

On peut encore placer sur le même versant le *Volga*, qui se jette dans la mer Caspienne.

Sur le versant du Grand océan et de l'océan Indien, on remarque surtout les fleuves suivants : en Asie, l'*Amour*, le fleuve *Jaune*, le fleuve *Bleu*, le *Gange*, l'*Indus*, le *Tigre* et l'*Euphrate ;* — en Afrique, le *Zambèze*.

**Fleuves du Nouveau continent.** — Sur le versant de l'océan Glacial et de l'océan Atlantique, on remarque : dans l'Amérique du nord, le *Saint-Laurent*, le *Mississipi*, qu ise grossit du *Missouri ;* — dans l'Amérique du sud, l'*Orénoque*, l'*Amazone*, le *São-Francisco*, le *Rio de la Plata*.

Sur le versant du Grand océan, le *Columbia* ou *Orégon* et le *Rio Colorado*, dans l'Amérique du nord.

**Comparaison des plus grands fleuves du monde.** — Le plus grand fleuve de l'Asie est le *Kiang*, dont le cours est de 4500 kilomètres.

Le plus grand fleuve de l'Afrique est le *Nil*, qui paraît avoir plus de 5000 kilomètres de cours.

Le *Volga*, qui a une longueur d'environ 3500 kilomètres, est le fleuve le plus considérable de l'Europe.

Le plus long cours d'eau de l'Amérique et du globe entier est celui qui comprend le *Missouri* et la partie inférieure du *Mississipi :* il a 7000 kilomètres (1600 lieues de longueur ; l'*Amazone* a plus de largeur, et c'est le plus large de tous les fleuves, mais son cours n'est que de 5000 kilomètres.

Le fleuve principal de l'Océanie est le *Murray*, dans le sud de l'Australie.

La Loire, le plus long fleuve de la France, a 1130 kilom.

## XIV. — LACS PRINCIPAUX DU GLOBE.

La mer *Caspienne*, sur la limite de l'Europe et de l'Asie, est un véritable lac.

On remarque ensuite comme lacs principaux du globe

En Asie, le lac ou mer d'*Aral* et le lac *Baïkal*.

En Afrique, les lacs *Tchad*, *Victoria*, *Albert*, *Tanganyika* et plusieurs autres grands lacs au centre de cette partie du monde.

En Europe, les lacs *Ladoga* et *Onéga*, dans le N. E.

Dans l'Amérique du Nord, les lacs *Supérieur*, *Huron*, *Michigan*, *Érié* et *Ontario*.

Dans l'Amérique du Sud, les lacs *Maracaybo* et *Titicaca*.

Après la mer Caspienne, le lac Supérieur est le plus grand du globe : il a 575 kilom. de long et 250 kilom. de large.

Le lac de Genève, le plus grand des lacs qui baignent la France, a 13 kilom. de largeur et 75 kilom. de longueur.

## XV. — RACES D'HOMMES.

La population de toutes les parties de la Terre s'élève à environ 1 milliard 200 millions d'hommes, dont 300 millions en Europe, 700 millions en Asie, 100 millions peut-être en Afrique, 75 millions en Amérique, 35 millions en Océanie.

Il y a, dans l'espèce humaine, de grandes différences pour la couleur, les traits du visage, la forme de la tête, les cheveux, le langage et d'autres particularités.

D'après les principales différences, on a distribué les hommes en trois *races* principales.

La race à laquelle nous appartenons en France est la race *blanche*, appelée aussi *caucasique*, parce que les types de cette race se trouvent au mont Caucase, entre la mer Caspienne et la mer Noire. Elle occupe l'O. de l'Ancien continent, c'est-à-dire l'Europe, la moitié occidentale de l'Asie, le N. de l'Afrique, et elle a formé de grandes colonies en Amérique et dans l'Océanie.

Les hommes de cette race se distinguent par leur couleur généralement blanche et rosée ; cependant leur teint est fort brun et même presque noir dans les contrées chaudes de l'Ancien continent ; ils ont la tête ovale, les yeux grands, le nez aquilin, la bouche peu fendue, les lèvres petites, les dents placées verticalement, les cheveux fins et souvent bouclés. C'est la seule race chez laquelle on trouve des cheveux blonds et des yeux bleus.

Race blanche.

Race jaune.

La race blanche est active et entreprenante ; c'est aujourd'hui la plus civilisée.

Une autre, la race *jaune*, habite la moitié orientale de l'Asie et les régions les plus boréales de cette partie du monde. On la trouve aussi un peu dans le N. de l'Amérique et de l'Océanie.

Les hommes de cette race ont la peau généralement jaunâtre ou olivâtre, le visage large et plat, la tête ronde, la bouche grande et le nez écrasé ; leurs yeux sont très-longs, mais étroits et relevés en dehors. Leurs cheveux sont noirs, lisses, roides et peu fournis.

Cette race est nommée aussi *mongolique* ou *chinoise*, des nations des Mongols et des Chinois, qui en offrent les types principaux.

Celles des populations de la race jaune qui habitent dans l'E. de l'Asie sont civilisées depuis fort longtemps ; mais celles qui se trouvent dans les régions boréales sont encore de misérables sauvages.

La troisième race est la race *nègre*, répandue dans le milieu et dans le S. de l'Afrique. Un grand nombre de nègres, achetés comme esclaves par les blancs, ont été transportés dans les colonies d'Amérique. La couleur de cette race est noire ou noirâtre, quelquefois d'un gris d'ardoise, ou d'un brun jaunâtre. Les nègres ont le front aplati, les mâchoires avancées, les lèvres grosses, les dents plus longues que celles des deux premières races, la bouche grande, les joues avancées, le nez large et épaté ; leurs cheveux, généralement laineux, sont toujours noirs et épais.

Race noire.

Race rouge.

Il y a ensuite des races secondaires, dont la physionomie n'offre pas de caractères aussi tranchés que chez les précédentes.

Une des principales est la race *américaine* ou *rouge*, qui comprend les indigènes de l'Amérique. Elle a généralement la peau d'un rouge de cuivre, les cheveux noirs et plats, la barbe peu fournie, le visage large. On distingue aussi les *Malais*, de couleur jaunâtre ou olivâtre, dans le N. O. de l'Océanie ; les *Polynésiens*, de couleur brunâtre peu foncée, dans l'E. de l'Océanie, et les *Noirs océaniens*, dans le S. de l'Océanie.

## XVI. — RÉUNIONS D'HOMMES, DEGRÉS DE CIVILIATION, TRAVAUX DIVERS ET RELIGIONS.

Les hommes les plus civilisés forment les grandes associations qu'on appelle *peuples* ou *nations*.

Les hommes à demi civilisés ou tout à fait sauvages forment les *peuplades*, les *tribus*, les *hordes* et les *familles isolées.*

Les hommes civilisés ont des travaux très-variés, qui se classent en trois grandes divisions : les *arts*, les *sciences* et le *commerce*.

Les hommes à demi civilisés ont pour occupation, en général, le soin des troupeaux, qu'ils conduisent de pâturages en pâturages ; ces pasteurs errants portent le nom de *nomades*.

Les hommes tout à fait sauvages ne connaissent guère que deux sortes de travaux : la *chasse* et la *pêche*.

Tous les hommes croient à l'existence d'une puissance supérieure qui gouverne le monde ; mais tous n'ont pas les mêmes idées sur cette puissance, et ne lui témoignent pas leur vénération de la même manière. Les uns adorent un seul Dieu ; ils se partagent en trois religions principales : le *christianisme*, qui règne chez la plupart des peuples les plus civilisés ; le *judaïsme*, ou la religion des juifs ; le *mahométisme*, ou la religion de Mahomet, appelée aussi *religion musulmane* ou *islamisme*. — Les autres adorent plusieurs dieux et sont *païens*.

---

# NOTIONS SUR LA GÉOGRAPHIE PHYSIQUE
# DE LA FRANCE

---

## XVII. — LIMITES ET ÉTENDUE DE LA FRANCE.

La FRANCE, située dans la partie occidentale de la région moyenne de l'Europe, est bornée au N. par la *mer du Nord* et le *Pas de Calais ;* — au N. O., par la *Manche ;* — au N. E., par la Belgique, le grand-duché du Luxembourg et l'Allemagne (dans laquelle est comprise la Prusse) ; — à l'E., encore par l'Allemagne, vers laquelle sa limite était marquée par le *Rhin* avant le fatal traité de 1871, qui a arrêté cette limite aux *Vosges*. — Elle est ensuite bornée, toujours à l'E., par le *Doubs*, le mont *Jura* et le lac de *Genève*, vers la Suisse, — et par les *Alpes*, du côté de l'Italie. — Au S., elle est baignée par la *mer Méditerranée*, qui y forme le golfe du *Lion*, et elle est séparée de l'Espagne par les monts *Pyrénées*. — A l'O., elle est bornée par l'océan Atlantique, qui produit sur ses côtes le grand golfe de *Gascogne* ou de *Biscaye*, appelé aussi *mer de France*.

La France offre une figure à six côtés (ce qu'on appelle en géométrie un *hexagone*) : trois côtés sont vers la mer, et trois vers la terre.

## XVIII. — CÔTES.

Depuis la Belgique jusqu'au delà de l'embouchure de la Somme, les côtes de France sont couvertes de dunes mouvantes, c'est-à-dire de collines de sable que les vents font changer de place fréquemment.

Depuis le voisinage de l'embouchure de la Somme jusqu'à la Seine, elles forment des falaises très-escarpées.

Ensuite, depuis la Seine jusqu'à l'embouchure de la Loire, les côtes sont très-irrégulières : il y a beaucoup de presqu'îles, de golfes et de baies. On y remarque d'abord le golfe de la *Seine*. — A l'O. de ce golfe, s'avance la presqu'île de *Cotentin*, qui est terminée au N. E. par la pointe de *Barfleur*, au N. O. par le cap de *la Hague* (1).

A l'O. du Cotentin, est le golfe de *Bretagne* ou de *Saint-Malo*, qui comprend deux autres enfoncements : la baie du *Mont-Saint-Michel* et la baie de *Saint-Brieuc*.

Devant ce golfe, se trouvent les îles *Anglo-Normandes*, dont les trois principales sont *Jersey*, *Guernesey* et *Aurigny*, et qui appartiennent à l'Angleterre.

La *Bretagne* est une grande presqu'île qui s'avance entre la Manche et la mer de France : on y remarque, à l'O., la pointe de *Corsen*, le cap *Saint-Matthieu*, la rade de *Brest*, la baie de *Douarnenez*; au S., la petite presqu'île de *Quiberon* et le golfe du *Morbihan*.

Il y a plusieurs îles dans le voisinage de la Bretagne. On remarque surtout l'île d'*Ouessant* et l'île de *Sein*, à l'O., l'île de *Groix* et *Belle-Ile*, au S.

Entre l'embouchure de la Loire et celle de la Gironde, la

1. Il ne faut pas confondre ce cap avec celui de *la Hogue*, sur la côte orientale du Cotentin.

côte est basse et bordée de marais salants ; on y remarque la baie de *Bourgneuf* et l'anse de l'*Aiguillon* ; il s'y trouve les îles *Noirmoutier*, d'*Yeu*, de *Ré* et d'*Oleron*. Entre Noirmoutier et le continent, est le détroit de *Fromentine*. L'île de Ré est séparée du continent par le *Pertuis Breton*, et de l'île Oleron par le *Pertuis* d'*Antioche*.

<h3 style="text-align:center">XIX. — SUITE DES CÔTES.</h3>

Au S. de la Gironde, la côte est généralement composée de dunes mouvantes ; près de ces dunes, on voit des lacs entourés de pâturages, et de grandes plaines désertes désignées sous le nom de *landes*. Des forêts de pins y ont été plantées sur de grandes étendues.

Il se trouve dans cette partie de la France un petit golfe nommé *Bassin d'Arcachon*.

La côte de la Méditerranée offre deux aspects principaux :

A l'O., autour du golfe du Lion, elle est basse, uniforme, et bordée de lagunes ou *étangs*, comme les étangs de *Thau*, de *Valcarès* et de *Berre*.

A l'E., elle est assez élevée, agréablement variée, et forme les petits golfes de *Grimaud*, de *Fréjus* et de *Cannes* ou de *La Napoule* ; on y remarque les îles d'*Hyères* et de *Lérins*.

De la France dépend la *Corse*, grande île, qui s'allonge du N. au S., et qui est plus voisine de l'Italie que la France.

<h3 style="text-align:center">XX. — ASPECT GÉNÉRAL DU PAYS.</h3>

Le N. de la France est généralement composé de plaines, dont les plus grandes sont celles de la *Champagne*, de la *Beauce*, de la *Brie*, de la *Flandre* ; il se trouve aussi au N. les montagnes des *Ardennes*, qui sont peu élevées.

A l'E., on voit les montagnes des *Vosges*, de la *Côte d'Or* et du *Jura*, et les grandes plaines qui bordent la *Saône*, particulièrement celle de la *Bresse* et de la *Dombes*.

A l'O., sont les montagnes d'*Arez*, qui ont un aspect triste ; mais, dans la même partie, il y a des plaines fertiles vers le cours inférieur de la *Loire*.

Au centre, on rencontre, aux bords de la Loire, les belles plaines de la *Touraine*, surnommée le *Jardin de la France* ;

on y remarque aussi les plaines agréables de la *Limagne*, sur les bords de l'Allier; mais le centre a en même temps les plaines tristes et malsaines de la *Sologne*, les plaines un peu monotones du *Berri*, les montagnes du *Morvan*, des *Cévennes*, d'*Auvergne* et du *Limousin*. Ces deux dernières masses de montagnes font partie d'un large territoire très-élevé, qu'on appelle le *plateau central* de la France.

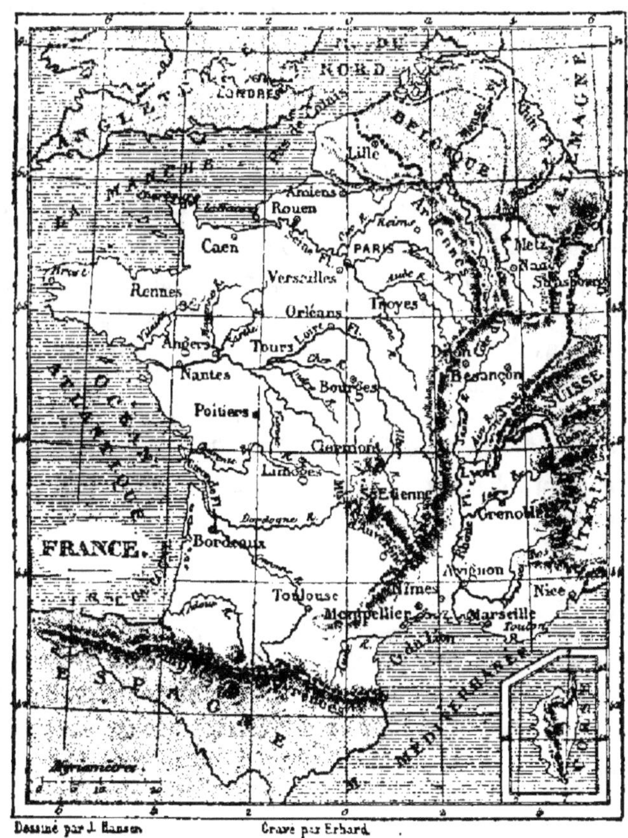



Au S. O., sont les hautes montagnes des *Pyrénées*, et les tristes plaines des *Landes*, parsemées de bruyères, de sables, de mares et de forêts de pins.

Au S. E., se trouvent les *Alpes*, montagnes les plus élevées de la France et couvertes de neiges perpétuelles. À leur pied, est la *Provence*, renommée par la beauté de son ciel et la douceur de son climat.

## XXI. — CLIMAT.

La France a une situation des plus avantageuses ; elle est baignée par deux grandes mers, qui favorisent son commerce maritime dans une double direction, et elle touche à des contrées avec lesquelles elle entretient d'actives relations. Elle est placée à une égale distance de l'équateur et du pôle arctique ; par conséquent, elle se trouve au milieu de la zone tempérée. Le climat y est d'autant plus modéré, que les vents qui y soufflent le plus ordinairement viennent de l'océan Atlantique ; or, l'océan a une température plus douce et plus égale que celle de l'intérieur des terres.

Le S. E. est la région la plus chaude. — L'E. a des hivers plus froids que l'O., mais des étés plus chauds. — Le N. O. et l'O. ont la température la plus humide, la plus égale et la plus douce, à cause de l'influence de l'océan. Le climat est très-pluvieux aux extrémités occidentales, dans les montagnes des Vosges et dans les Alpes.

Le nord-ouest et l'ouest sont les parties les plus propres aux herbages et les plus riches en bétail. L'est et le sud sont les plus favorables aux vins ; le nord et une portion du centre sont les plus fertiles en blé.

## XXII. — LIGNES DE PARTAGE DES EAUX.

**Grande ligne principale.** — Des frontières de la Suisse à celles de l'Espagne, s'étend une suite de hauteurs, une grande arête, qui sépare la France en deux versants généraux : celui qui est incliné vers la Méditerranée, et celui qui se penche vers l'Atlantique ou vers les mers qu'il forme, c'est-à-dire vers la mer du Nord, la Manche et la mer de France.

Cette grande ligne de partage des eaux, dirigée en général du N. E. au S. O., passe successivement par le mont *Jura*, les *Vosges méridionales*, les monts *Faucilles*, le plateau de *Langres*, la *Côte d'Or*, les *Cévennes* (qui prennent différents noms : montagnes du *Charollais*, du *Lyonnais*, du *Vivarais*, les *Cévennes proprement dites*, etc.), puis par les *Corbières occidentales* et les *Pyrénées.*

## XXIII. — SUITE DES LIGNES DE PARTAGE DES EAUX.

**Lignes secondaires.** — Six arêtes secondaires se rattachent à la grande ligne du côté du versant de l'Atlantique : ce sont d'abord les *Vosges septentrionales*, puis la chaîne de l'*Argonne orientale* et des *Ardennes orientales*, ensuite celle de l'*Argonne occidentale* et des *Ardennes occidentales*, jointes aux collines de l'*Artois*. Cette troisième ligne sépare le versant particulier de la mer du Nord de celui de la Manche.

En s'approchant du S., on trouve la longue ligne de partage des eaux, peu élevée, qui forme la limite des versants de la Manche et de la mer de France, et qui est composée des montagnes du *Morvan*, des collines du *Nivernais*, des plateaux de la *Forêt d'Orléans* et de la *Brie*, des collines du *Perche*, des hauteurs de la *Basse-Normandie* (auxquelles se rattachent les collines du *Cotentin*) et de la chaîne *Armoricaine* (comprenant les montagnes d'*Arez*) ; — plus au S., on remarque la chaîne des montagnes du *Velay* et du *Forez ;* — enfin la chaîne des montagnes de la *Margeride*, d'*Auvergne* et du *Limousin,* continuées par les collines du *Poitou.*

Sur le versant de la Méditerranée, on remarque la chaîne des *Alpes occidentales*, la plus haute et la plus importante de toutes les chaînes de France. Elle forme, sur un long espace, la limite de notre pays du côté de l'Italie, et prend successivement, sur cette limite, les noms d'*Alpes Pennines*, d'*Alpes Grées*, d'*Alpes Cottiennes* et d'*Alpes Maritimes*. Elle envoie à travers le S. E. de la France deux branches principales : des *Alpes du Dauphiné* et des *Alpes de Provence.*

La *Corse* est traversée, dans toute sa longueur, du N. au S., par une chaîne de hautes montagnes, qui partage l'île en deux versants : celui de l'E. et celui de l'O.

## XXIV. — LES PLUS HAUTS SOMMETS DE LA FRANCE.

Le plus haut sommet de la France est le mont *Blanc* (4810 mètres), dans les Alpes, sur la frontière de l'Italie. Les autres principaux points des Alpes françaises ou de la limite de la France sont : le mont *Cenis*, le mont *Tabor*, le mont *Olan*, les pics des *Écrins* et d'*Arsine*, le *Grand Pelvoux*, le mont *Genèvre* et le mont *Viso*, qui ont de 3 à 4000 mètres. — Le mont *Ventoux* est un des rameaux les plus occidentaux des Alpes.

Les Alpes sont généralement élancées et aiguës ; leurs sommets, irréguliers et pointus, prennent souvent le nom de *dents*, de *cornes*, d'*aiguilles*. Des neiges éternelles les couvrent à partir de 2600 mètres.

Parmi les sommets des Pyrénées, on remarque le *Pic du Midi* de *Bigorre* et le *Pic du Midi* d'*Ossau* ou de *Pau*, qui sont sur le territoire français ; le mont *Vignemale*, le *Marboré*, sur la frontière de la France et d'Espagne ; le mont *Perdu* et la *Maladetta*, sur le territoire espagnol. La Maladetta est la plus haute : elle a environ 3500 mètres.

Les Pyrénées sont plus escarpées du côté de l'Espagne que du côté de la France. Elles ont des pics coniques, moins élancés que les sommets des Alpes. A leurs pieds s'étendent quelques-unes des plus belles vallées de la France ; elles sont riches en eaux minérales, en carrières de marbre, en mines de fer. Les neiges éternelles y commencent à 2750 mètres. Les défilés y portent ordinairement le nom de *ports*.


## XXV. — SUITE DES PLUS HAUTS SOMMETS DES MONTAGNES DE LA FRANCE.


Le mont *Dore* et le *Plomb du Cantal* sont les plus hauts points des montagnes d'Auvergne, et ont à peu près 1900 mètres. Le *Puy de Dôme* est aussi l'un des sommets principaux de ces montagnes.

Les montagnes d'Auvergne sont presque toutes de nature volcanique ; leurs sommets offrent des cratères éteints aujourd'hui, mais qui ont lancé autrefois une grande quantité de laves.

Le mont *Mézenc*, la plus haute montagne des Cévennes, a environ 1800 mètres. La *Lozère* et le *Gerbier de Jonc* sont d'autres sommets remarquables de la même chaîne. Il y a beaucoup de pâturages sur les Cévennes.

Le *Crêt de la Neige,* le *Reculet,* le *Grand Crédo* et le *Colomby* sont les plus hauts points du Jura ; ils ont 1700 m.

Le Jura n'est pas formé de montagnes coniques, comme le sont ordinairement les montagnes précédentes ; mais il est composé de massifs parallèles et très-réguliers, qui s'allongent du N. E. au S. O. Sa partie la plus méridionale et la plus haute se trouve en France ; il sépare la France de la Suisse dans sa partie moyenne ; il appartient à la Suisse dans sa partie la plus septentrionale. De belles forêts de sapins en couvrent les pentes en beaucoup d'endroits.

Les *Ballons* de *Guebwiller* et d'*Alsace,* les plus hautes montagnes des Vosges, ont de 1300 à 1400 mètres.

Les Vosges ont généralement une forme arrondie, et de là le nom de *ballons* qu'on leur donne souvent. Elles sont couvertes de grandes forêts de sapins, de merisiers et autres arbres.

Les montagnes de la Corse ont pour principaux sommets le *monte Cinto,* le *monte Rotondo* et le *monte d'Oro* (2700 m).

Les sommets des autres montagnes de la France ne sont pas assez remarquables pour être nommés. Ils ont généralement moins de 1000 mètres d'altitude.

### XXVI. — FLEUVES ET RIVIÈRES.

La France envoie ses eaux dans deux grandes directions, comme un toit de maison, qui a deux pentes. D'un côté, en effet, est le versant de l'océan Atlantique ; de l'autre, le versant de la Méditerranée ; mais le premier se partage en trois autres versants : ceux de la mer du Nord, de la Manche et de la mer de France (ou golfe de Gascogne).

*Versant de la mer du Nord.*

Le *Rhin,* tributaire de la mer du Nord, coulait naguère entre la France et l'Allemagne ; mais nous avons perdu cette limite par le funeste traité de 1871. Nous avons du moins conservé une grande partie de la *Moselle,* qui va rejoindre ce fleuve en Prusse, et qui reçoit en France la *Meurthe.* — La *Meuse* et l'*Escaut* se rendent aussi dans la mer du Nord, hors de France.

La *Sambre* se jette dans la Meuse, en Belgique.

La *Scarpe* et la *Lys* affluent à l'Escaut, aussi en Belgique.

*Versant de la Manche.*

La *Somme*, la *Seine*, l'*Orne*, la *Vire* et la *Rance* se jettent dans la Manche.

De ces cinq cours d'eau, la Seine mérite seule le nom de *fleuve*. Elle prend sa source dans la Côte d'Or, coule au N. O., forme beaucoup de sinuosités, et entre dans la mer par une large embouchure, en face du Havre. Elle offre une navigation avantageuse et régulière. — Les affluents les plus remarquables de la Seine sont : à droite, l'*Aube*, la *Marne* et l'*Oise*, qui reçoit l'*Aisne* (prononcez *Aîne*) ; — à gauche, l'*Yonne*, le *Loing*, l'*Essonne* et l'*Eure*.

### XXVII. — SUITE DES FLEUVES ET RIVIÈRES.

*Versant de l'Atlantique proprement dit et de la mer de France.*

L'*Aulne* se jette dans l'Atlantique proprement dit, par la rade de Brest, vers l'extrémité occidentale de la Bretagne.

Le *Blavet*, la *Vilaine*, la *Loire*, la *Sèvre niortaise*, la *Charente*, la *Scudre*, la *Gironde* (nommée *Garonne* dans son cours supérieur), l'*Adour* et la *Bidassoa* (sur la frontière d'Espagne) se rendent dans la mer de France.

La Vilaine reçoit l'*Ille*.

La Loire, le plus grand des fleuves de France, prend sa source dans les Cévennes, coule d'abord au N., ensuite à l'O., et se jette dans la mer à Saint-Nazaire. Elle est sujette à des crues subites et dangereuses ; mais souvent aussi elle est presque sans eau, et son lit est rempli de bancs de sable, qui rendent la navigation difficile.

Les rivières principales que la Loire reçoit à droite sont l'*Arroux*, la *Nièvre* et la *Maine ;* cette dernière rivière porte dans sa partie supérieure le nom de *Mayenne*, et elle reçoi la *Sarthe*, augmentée elle-même du *Loir*. — A gauche, la Loire reçoit l'*Allier*, le *Loiret*, fort court, mais remarquable par l'abondance de sa source, le *Cher*, l'*Indre*, la *Vienne* (qui se grossit de la *Creuse*), enfin la *Sèvre nantaise*.

La Sèvre niortaise reçoit la *Vendée*.

La Garonne descend des Pyrénées, en Espagne, coule avec avec rapidité vers le N. et le N. O., et se jette dans l'océan par une très-large embouchure, sous le nom de *Gironde*, qu'elle ne prend qu'après avoir reçu la *Dordogne*. Elle a pour affluents, à droite, l'*Ariége*, le *Tarn*, grossi de l'*Aveyron*, le *Lot*, la *Dordogne*, grande et rapide rivière, qui elle-même reçoit la *Vézère*, grossie de la *Corrèze;* à gauche, la Garonne s'augmente du *Gers*.

L'Adour reçoit le *Gave de Pau*.

## XXVIII. — SUITE DES FLEUVES ET RIVIÈRES.

### *Versant de la Méditerranée.*

La Méditerranée reçoit la *Tet*, l'*Aude*, l'*Hérault*, le *Rhône*, l'*Argens*, le *Var*, la *Roïa* (vers la frontière de l'Italie).

Le Rhône est un fleuve extrêmement rapide et souvent terrible par ses débordements ; il prend sa source dans les Alpes, en Suisse ; après avoir formé le lac de Genève, il fait une petite partie de la limite entre la France et la Suisse ; il entre ensuite dans la France, et coule d'abord à l'O., jusqu'à Lyon ; de là, il se dirige au S., et se rend dans la mer par quatre embouchures, dont les deux principales sont le *Grand Rhône* et le *Petit Rhône*, entre lesquels est comprise l'île de *Camargue*, qui forme le delta du Rhône.

Les principales rivières que ce fleuve reçoit à droite sont : l'*Ain;* la *Saône*, qui se grossit du *Doubs;* l'*Ardèche* et le *Gard* ou *Gardon*, sur lequel on admire un magnifique pont-aqueduc de construction romaine.

A gauche, il reçoit l'*Arve*, l'*Isère*, la *Drôme* et la *Durance*.

De tous les affluents du Rhône, le plus important est la Saône, dont le cours est d'une lenteur remarquable et qui se répand quelquefois, par de grands débordements, dans les plaines voisines. La Durance est la plus impétueuse des rivières de France.

### GRANDEUR COMPARÉE DES FLEUVES DE LA FRANCE.

Le plus grand des fleuves qui arrosent la France est la Loire, qui a 1130 kilom. de longueur ; — le Rhône en a 800 ; — la Seine, 780 ; — et la Garonne avec la Gironde, 570.

## XXIX. — LACS ET LAGUNES.

C'est dans le bassin du Rhône que se trouvent la plupart des lacs qui baignent la France.

Le plus grand lac est celui de *Genève* ou lac *Léman*, formé par le Rhône, entre la Savoie et la Suisse, et qui s'étend de l'E. à l'O. comme un vaste croissant. Les rives en sont très-belles.

Au S.-O. de ce lac, dans la Savoie, sont les jolis lacs d'*Annecy* et du *Bourget*, qui s'écoulent dans le Rhône, et le lac de *Paladru*, qui s'écoule dans l'Isère.

On remarque encore dans l'E. de la France, au pied du Jura, le lac de *Nantua*, qui s'écoule dans l'Ain, et le lac de *Saint-Point*, formé par le Doubs ; au pied des Vosges, les trois lacs de *Gérardmer*, qui s'écoulent dans la Moselle.

Dans l'O. de la France, vers l'embouchure de la Loire, est le lac de *Grand-Lieu*, qui s'écoule dans ce fleuve.

On trouve, le long de la côte du golfe du Lion, un grand nombre de lagunes, dont les principales sont les étangs de *Thau*, de *Valcarès* et de *Berre* ; ces étangs ont une eau salée, et ils communiquent avec la mer par d'étroites entrées.

Il y a dans les Landes, près de la mer, un certain nombre de lacs salés qu'on appelle aussi *étangs*.

## XXX. — CANAUX.

Le canal de *Saint-Quentin*, continué par le canal *Crozat*, unit l'Escaut à la Somme et à l'Oise.

Le canal *latéral à l'Oise* se rattache au précédent, et longe l'Oise jusque vers le confluent de l'Aisne.

Le canal de la *Sambre à l'Oise* est comme la continuation septentrionale du canal précédent.

Le canal de la *Somme* longe et prend tour à tour le cours de la rivière de ce nom.

Le canal des *Ardennes* joint l'Aisne à la Meuse. Le canal de *l'Aisne à la Marne* en est comme la continuation.

Le canal de *l'Ourcq* amène à Paris les eaux de l'Ourcq, petite rivière qui se jette dans la Marne. La continuation de ce canal à travers Paris porte le nom de canal *Saint-Martin*, et se termine à la Seine.

Le canal de la *Marne au Rhin* s'étend dans l'est de la France.

Les canaux du *Loing*, d'*Orléans* et de *Briare* unissent la Seine à la Loire,

Le canal de *Bourgogne* s'étend de l'Yonne à la Saône ; — le canal du *Rhône au Rhin*, ou de l'*Est*, en est à peu près la continuation, et joint la Saône au Rhin.

Le canal du *Centre* joint la Loire à la Saône.

Le canal *latéral à la Loire* longe ce fleuve depuis le canal de Briare jusqu'à celui du Centre. Le canal de *Roanne* en est la continuation méridionale.

Le canal du *Nivernais* joint la Loire à l'Yonne.

Le canal du *Berri* va du Cher à la Loire.

Le canal de *Nantes à Brest* s'étend de la Loire à la rade de Brest.

Le canal d'*Ille-et-Rance* unit les deux rivières de ce nom.

Le canal du *Languedoc* ou du *Midi*, appelé aussi canal des *Deux Mers*, conduit de la Garonne à l'étang de Thau et à la Méditerranée. Il est continué par le canal des *Étangs* et par le canal de *Beaucaire*, qui aboutit au Rhône.

Le canal *latéral à la Garonne* longe le cours moyen de ce fleuve.

## XXXI. — EXERCICES SUR LES COMMUNICATIONS PAR LES CANAUX ET LES RIVIÈRES.

On peut, au moyen des canaux et des rivières, transporter les marchandises, lentement, il est vrai, mais économiquement, d'une extrémité du pays à l'autre : ainsi, si l'on voulait conduire un bateau de l'Escaut ou de la Somme aux embouchures du Rhône, on le pourrait par la navigation suivante : on prendrait le canal de Saint-Quentin, le canal Crozat, le canal latéral à l'Oise ; puis on descendrait l'Oise, on remonterait la Seine, ensuite l'Yonne ; on prendrait le canal de Bourgogne ; on descendrait la Saône, enfin le Rhône.

De même, si l'on voulait aller de l'embouchure de la Loire à Paris, on remonterait la Loire, on prendrait le canal d'Orléans, le canal du Loing, on descendrait la Seine jusqu'à Paris.

Pour aller de l'embouchure de la Gironde au Rhin, nous remontons la Gironde, puis la Garonne ; nous prenons le canal latéral à la Garonne, ensuite le canal du Midi, nous arrivons à l'étang de Thau, à côté de la Méditerranée ; nous naviguons dans cet étang, nous prenons le canal des Étangs, le canal de Beaucaire, nous rencontrons le Rhône, que nous remontons ; nous remontons aussi la Saône, nous prenons le canal du Rhône au Rhin, et nous touchons ce dernier fleuve près de Strasbourg (1).

### XXXII. — PRODUCTIONS MINÉRALES. — PIERRES.

Le granite, une des pierres les plus dures et les plus utiles en construction, abonde dans la plupart des principales montagnes : les Alpes, les Vosges, les Ardennes, les Cévennes, les montagnes de la Bretagne et les collines du Cotentin.

Les porphyres, pierres très-dures et très-belles, se rencontrent dans les montagnes des Vosges, du Morvan, du Beaujolais, du Forez, de l'Auvergne, dans les Alpes et la Corse.

Le quartz le plus beau est le quartz hyalin ou cristal de roche, qu'on trouve surtout dans les Alpes et les Pyrénées.

Le talc, dont une des principales espèces est la craie de Briançon, est assez commun dans les Alpes.

L'amiante, cette pierre extraordinaire qui se présente en minces filaments, est répandue dans les Alpes, les **Pyrénées** et la Corse.

Le mica se trouve en belles lames dans les montagnes du Limousin.

De magnifiques colonnes de basalte ont été produites par les anciens volcans du centre de la France, particulièrement dans les montagnes d'Auvergne.

Les ardoises sont exploitées surtout dans les Ardennes et vers le confluent de la Maine et de la Loire.

Le kaolin, ou la terre à porcelaine, se trouve particulièrement dans les montagnes du Limousin.

### XXXIII. — SUITE DES PIERRES.

Les calcaires sont parmi les plus utiles et les plus abondantes productions minérales. Non-seulement ils fournissent une excellente pierre à bâtir, mais on en tire la chaux si utile pour solidifier les constructions ; des régions entières en sont composées : les environs de Paris en ont de vastes carrières.

On nomme calcaire *incrustant* celui qui, tenu en dissolution par certaines eaux, se dépose sur les matières exposées

1. Exercer les élèves à faire sur leur carte des voyages de ce genre.

à leur action et les couvre d'une croûte pierreuse. Il y a, dans l'Auvergne, des sources fameuses sous ce rapport.

Les marbres sont des calcaires d'une très-grande dureté, et plus susceptibles que tous les autres de recevoir un beau poli. Le marbre statuaire blanc, employé à faire des statues, se trouve dans les Pyrénées et les Alpes. Les marbres colorés sont beaucoup plus abondants.

La pierre lithographique est un calcaire d'un grain très-serré et très-fin sur lequel on trace avec un crayon gras et où l'on grave avec un poinçon des dessins qu'on reproduit ensuite par l'impression. La France en a quelques carrières dans la Côte d'Or, et dans le voisinage du Rhône, de l'Indre, etc.

La craie est un calcaire aussi. On l'utilise dans la peinture à la détrempe, ou comme crayon pour écrire sur les tableaux noirs; les plaines de la Champagne en fournissent beaucoup.

## XXXIV. — SUITE DES PIERRES.

Les grès sont utilisés pour le pavage et comme pierres à aiguiser, ou comme meules de grains. Il y en a aux environs de Paris, dans les Vosges, etc.

La pierre meulière, très-dure, sert à la fois dans les constructions et pour faire des meules de moulin. On trouve, près de la Marne, les plus renommées du monde.

La pierre à fusil, pierre à feu ou silex, d'une grande dureté et d'où l'on tire aisément du feu en la frappant avec l'acier, avait de l'importance avant l'invention des allumettes chimiques. Dans l'antiquité la plus reculée, avant la découverte des métaux, on en faisait des ustensiles et des armes, qu'on trouve encore, enfouis, dans beaucoup de pays. Aujourd'hui on en fait surtout des molettes pour broyer les couleurs. C'est vers le Cher qu'on en exploite les plus importantes carrières.

Les marnes, qui servent principalement à amender les terres, se trouvent dans une quantité d'endroits. Près de Paris on rencontre une marne argileuse qui donne lieu à la fabrication de faïences fines et d'une espèce de porcelaine.

Le gypse, ou pierre à plâtre, s'exploite dans une foule de localités : parmi les carrières les plus connues et les plus estimées, on peut citer celles des environs de Paris.

Le sel offre quatre groupes principaux d'exploitation : les salines de l'E., celles de l'O., celles du S. O. et celles du Midi.

Dans l'E., entre la Moselle et le Rhin, il se présente souvent en blocs, et prend alors le nom de *sel gemme*. Malheureusement, nous avons perdu ces salines précieuses, qui sont maintenant à l'Allemagne.

Cependant, nous avons conservé des salines dans le voisinage du Jura et des Vosges.

Les salines de l'ouest sont des marais salants. Vers les embouchures de la Charente, de la Sèvre niortaise, de la Loire et de la Vilaine, sont les plus importants marais salants de nos côtes occidentales.

Le sud-ouest offre des sources salées au pied des Pyrénées.

Les salines du Midi sont des marais, dans le voisinage des embouchures du Rhône et de l'Hérault.

## XXXV. — SUITE DES PIERRES.

L'argile, qui constitue une grande partie du sol de la France, et qui joue un rôle considérable dans l'agriculture, a aussi beaucoup d'importance comme matière industrielle par la propriété qu'elle a de se délayer dans l'eau et d'y faire une pâte onctueuse, tenace, susceptible de se mouler et d'acquérir au feu une grande dureté. L'espèce qu'on nomme *argile figuline* ou *terre glaise* sert à faire des poteries communes, de la faïence, des briques, des tuiles, des carreaux, des drains. Les bassins de la Seine, de la Saône, de la Loire, de la Moselle, de l'Escaut, ont les meilleures argiles.

On nomme spécialement argile plastique la plus remarquable par sa ténacité, celle qui sert à faire les faïences fines ; on en trouve aux bords de l'Oise et vers le confluent de l'Yonne et de la Seine.

L'argile réfractaire, qui résiste parfaitement au feu, et qui est employée à faire les creusets et les fourneaux, se trouve dans le voisinage de l'Eure, de la Seine, du Rhône, de la Marne, de la Nièvre, de l'Aube, de l'Aisne, de l'Oise.

On donne le nom de grès à une sorte de poterie faite d'argile sablonneuse et qui acquiert la dureté du grès. Le principal centre de cette industrie est dans le bassin de l'Oise.

L'argile smectique, ou terre à foulon, a une pâte fine et savonneuse employée pour enlever aux draps les parties huileuses dont la laine est naturellement imprégnée. On en trouve surtout entre l'embouchure de la Seine et le Cotentin.

L'argile ferrugineuse fournit les *ocres rouges* et *jaunes*, dont on fait des crayons et qui servent aussi dans la **peinture**. Le bassin de l'Yonne en a d'importantes carrières.

## XXXVI. — SUITE DES PRODUCTIONS MINÉRALES.
### MÉTAUX.

L'or ne se rencontre pas en assez grande quantité pour être exploité ; mais les rivières qui descendent des Cévennes, des Pyrénées, des Alpes, roulent quelques paillettes d'or, et l'on recueille des parcelles de ce métal dans l'Ardèche, la Cèze, le Gardon, l'Ariége, le Salat, l'Isère, le Rhône.

L'argent est plus abondant : on l'exploite, mêlé au plomb, dans la Bretagne, dans les montagnes d'Auvergne, des Cévennes, des Alpes, des Pyrénées.

Le zinc ne se rencontre guère que vers le Gard et vers le milieu du cours du Rhône.

Le cuivre est peu commun aussi : les mines de Chessy et de Sain-Bel, dans le Lyonnais, sont les plus considérables.

L'étain a été anciennement exploité en Bretagne sur une grande échelle. Aujourd'hui on en extrait fort peu.

L'antimoine s'emploie le plus souvent allié à d'autres métaux, dont il augmente la dureté, comme l'étain, le plomb, le bismuth, et ces alliages servent à faire les poteries dites d'*étain*, des caractères d'imprimerie, etc. On le rencontre dans l'Auvergne, le Gard, l'Ariége, la Vendée, les Alpes.

Le manganèse offre sa plus célèbre mine à Romanèche, près de la Saône.

Le cobalt, combiné avec l'arsenic, se trouve près de l'Isère, dans les Pyrénées et en Corse.

La France est riche en fer, quoiqu'elle le cède, sous ce rapport, à l'Angleterre. Les Pyrénées, les Alpes, le Jura, les Cévennes, les montagnes de l'Auvergne et du Limousin, les Ardennes, les Vosges, les collines du Nivernais, en ont beaucoup. Les plaines du Berri en possèdent de très-importantes et excellentes mines.

## XXXVII. — MINÉRAUX COMBUSTIBLES.

La houille, ce précieux combustible qui est l'âme de l'industrie, est le reste des immenses forêts qui couvrirent autrefois la Terre ; elle abonde sur plusieurs points de la France, quoique nous en ayons moins que l'Angleterre.

La houille se répartit en une soixantaine de bassins minéraux, qui peuvent se classer en cinq groupes principaux : les groupes du nord, du centre, de l'est, de l'ouest et du sud.

Le groupe du nord, dans le voisinage de l'Escaut, est la continuation des riches gisements de la Belgique.

Le groupe du centre, très-considérable, a surtout deux bassins d'une grande richesse : l'un est entre les montagnes du Morvan et celles du Charollais, entre la Loire et la Saône, et depuis le canal du Centre jusqu'au voisinage de celui de Bourgogne.

L'autre bassin est celui de la Loire, entre la Loire et le Rhône, autour de Saint-Étienne.

Au groupe du centre se rattachent les bassins de l'Allier, de la Nièvre, de la Creuse, du Puy-de-Dôme, du Cantal.

Le groupe de l'est, peu considérable, est vers le cours supérieur de la Saône.

Le groupe de l'ouest contient surtout de l'anthracite, qui diffère peu de la houille proprement dite. Le voisinage de la Maine, de la Sarthe et du cours inférieur de la Loire en a les principaux bassins.

Le groupe du midi s'étend dans le voisinage du Gard, de l'Aveyron, du Tarn et de l'Hérault.

## XXXVIII. — SUITE DES MINÉRAUX COMBUSTIBLES.

Le lignite, ou bois fossile, est un autre combustible très-utile, dont l'exploitation la plus célèbre a lieu dans le voisinage des bouches du Rhône.

On distingue, parmi les lignites, une variété très-luisante, employée comme objet d'ornement sous le nom de *jais*.

La tourbe abonde dans les marais de plusieurs pays, surtout du Nord, où elle remplace le bois pour le chauffage. Les bassins de la Somme et de l'Escaut en fournissent beaucoup.

Le graphite (qu'on appelle à tort plombagine ou mine de plomb, puisqu'il ne contient pas de plomb) s'exploite un peu dans les Pyrénées.

Le bitume solide ou asphalte, propre à faire des trottoirs, offre sa mine la plus importante vers l'extrémité S. du Jura.

Le pétrole, ou bitume liquide, est peu commun en France. C'est vers l'Hérault qu'est la source la plus remarquable. Cette matière, propre surtout à l'éclairage, se tire presque entièrement de l'Amérique.

Les schistes bitumineux, qui, imprégnés de bitume, donnent de l'huile pour l'éclairage, s'exploitent surtout dans les montagnes du Morvan.

## XXXIX. — SOURCES MINÉRALES.

La France a plus d'un millier de sources minérales utilisées par leurs propriétés médicinales, et dont la moitié au moins sont thermales, c'est-à-dire chaudes. Elles abondent surtout dans quatre régions principales : les Pyrénées, les montagnes d'Auvergne, les Vosges et les Alpes. Le nord et l'ouest en ont fort peu. Les Pyrénées seules en possèdent plus de cinq cents, parmi lesquelles les plus renommées sont celles des Eaux-Bonnes, de Cauterets, de Saint-Sauveur, de Baréges, de Bagnères-de-Bigorre, de Bagnères-de-Luchon, de Vernet, d'Amélie-les-Bains.

Les sources de l'Auvergne, des montagnes du Forez et des collines qui leur font suite, offrent les établissements fameux du Mont-Dore, de Royat, de Vichy, de Néris.

Dans les montagnes des Vosges et dans leur voisinage immédiat, s'offrent les sources également célèbres de Plombières, de Luxeuil, de Bussang, de Contrexéville, de Bourbonne.

Les plus importantes sources des Alpes se trouvent à Aix-les-Bains, Saint-Gervais, Évian, Allevard, Uriage.

Il y en a aussi en Corse un certain nombre, parmi lesquelles on distingue celles d'Orezza.

## XL. — PRODUCTIONS VÉGÉTALES.

Deux des pays les plus riches en froment sont la Beauce et la Brie, situées, l'une, vers le cours supérieur du Loir et de l'Eure, l'autre, entre la Seine et la Marne; elles sont sur-

nommées les greniers de Paris. La Flandre et l'Artois, à

l'extrémité septentrionale du pays ; au centre, la Limagne ; à l'E., la Lorraine, la Bresse ; au S., le Languedoc, l'Agenais (aux bords de la Garonne) ; à l'O., le Poitou, la Saintonge, sont aussi renommés par leur froment.

Le seigle, qui donne une farine moins blanche et moins nutritive que le froment, est surtout cultivé dans les contrées montagneuses et peu fertiles : la Marche, le Limousin, l'Auvergne, le Morvan, la Basse-Bretagne, les Alpes.

Le maïs est abondamment récolté dans la Gascogne, le Béarn, la Bresse et la Franche-Comté.

Les autres céréales de la France sont l'orge, l'avoine, le millet, le sarrasin ou blé noir.

## XLI. — SUITE DES PRODUCTIONS VÉGÉTALES.

C'est dans le N. surtout qu'on cultive la betterave à sucre.

La pomme de terre prospère dans tout le territoire français.

Parmi les autres principales plantes à racines alimentaires, on distingue la carotte, qui réussit le plus dans le N.

Les pommiers et les poiriers abondent particulièrement vers la Manche, dans la Normandie, dans la Picardie et la Bretagne, où l'on fait du cidre et du poiré avec leurs fruits ; les pruniers, dans la Touraine, la Provence, l'Agenais (partie de la Guienne), la Lorraine ; les châtaigniers dans les montagnes du Limousin, de la Marche, de l'Auvergne, des Cévennes, de la Corse.

Les meilleures variétés de châtaignes sont les marrons, dont les plus estimés se récoltent dans le voisinage du Rhône, de l'Ardèche, de la Sarthe et de l'Argens.

Les noyers sont communs presque partout : le Périgord (vers les bords de la Dordogne) a les noix les plus renommées. On se sert beaucoup d'huile de noix dans le centre de la France.

Les oliviers de la Provence donnent la meilleure huile.

Les autres plantes oléagineuses sont le colza, la navette et le pavot, dont les plus importantes récoltes se font dans les provinces du Nord.

Le houblon, qui entre, avec l'orge, dans la fabrication de la bière, se cultive surtout dans le nord et l'est.

Les légumes farineux sont les fèves, les haricots, les pois, qui abondent partout; les pois chiches, qui ne se rencontrent que dans le Midi; les lentilles, qu'on récolte spécialement dans l'Auvergne, dans la Haute-Loire, et dans les îles de la Bretagne (Belle-Ile et Groix).

La truffe se trouve particulièrement vers les bords de la Charente, de la Dordogne, du Lot, de la Durance, de l'Isère.

### XLII. — SUITE DES PRODUCTIONS VÉGÉTALES.

Le raisin est, pour plusieurs pays de la France, l'objet d'un grand commerce : un des plus estimés est le chasselas de Fontainebleau (vers le cours moyen de la Seine); la Provence expédie beaucoup de raisin sec. Quant au vin, il n'est produit par aucun des départements baignés par la Manche, le Pas de Calais et la mer du Nord. Les pays qui donnent les meilleures qualités de cet important produit sont la Bourgogne (vers la Côte d'Or, la Saône et l'Yonne), la Champagne (vers la Marne), le Bordelais (vers la Garonne, la Gironde et la Dordogne), le Lyonnais (vers la Saône et le Rhône), la Franche-Comté (vers le Doubs), le Languedoc (vers le Rhône, l'Hérault, l'Aude, le Tarn), le Dauphiné (vers le Rhône et l'Isère), le Roussillon (vers la Tet), le Nivernais, l'Orléanais, la Touraine et l'Anjou (vers les bords de la Loire), les vignobles de l'Angoumois, de la Saintonge et de l'Aunis (vers la Charente), de l'Armagnac (vers le Gers) et de l'Hérault fournissent les meilleures eaux-de-vie.

Les fruits en espaliers les plus renommés, surtout les pêches, se cultivent à Montreuil, à l'E. de Paris. Les abricotiers réussissent parfaitement dans la Limagne.

Les cerisiers se trouvent partout. Les merisiers (cerisiers sauvages) des Vosges donnent le meilleur kirschwasser.

Les amandiers abondent en Provence, ainsi que les figuiers, dont il y a aussi d'importantes cultures aux environs de Paris (à Argenteuil).

Les orangers, les citronniers, les grenadiers, les caroubiers, les pistachiers, les jujubiers, les câpriers, ne viennent en pleine terre que dans la Provence et le Comté de Nice (aux bords de la Méditerranée).

C'est le Midi qui cultive le plus de melons : on peut citer sous ce rapport les bords de la Durance. On vante aussi les melons des environs de Paris et de Honfleur (en Normandie).

### XLIII. — SUITE DES PRODUCTIONS VÉGÉTALES.

Les pays les plus septentrionaux (la Flandre, l'Artois), les plus occidentaux (la Bretagne, le Maine) et les plus méridionaux (le Languedoc, la Gascogne) sont les plus fertiles en bon lin.

Le chanvre, qui est aussi une excellente plante textile, croît dans les bons terrains de la Picardie (vers la Somme), de la Champagne, de la Lorraine, de l'Anjou, de la Touraine, du Maine, de la Bourgogne et de l'Angoumois.

Les plantes tinctoriales (c'est-à-dire à teinture) les plus intéressantes sont la garance (vers la Durance); le safran (vers le Loing et la Charente); le pastel (vers le Tarn et dans le Calvados); la gaude, en Normandie; le tournesol des teinturiers, dans le département du Gard.

La cardère, ou chardon bonnetier, dont la tête épineuse sert à faire des cardes, se récolte surtout dans le Midi. — La moutarde se cultive abondamment dans le Dijonnais. — Le tabac est l'objet d'un privilége de culture concédé à certains départements (le Nord, le Pas-de-Calais, etc.).

### XLIV. — SUITE DES PRODUCTIONS VÉGÉTALES.

Le chêne, le hêtre, le charme, le frêne, le bouleau, l'orme, le peuplier, le tremble, l'aune, le châtaignier, le sapin, le pin, sont les arbres les plus communs des forêts de la France.

Les sapins sont nombreux et magnifiques sur le Jura, les Vosges, les Alpes. Les pins abondent dans les Pyrénées et les Landes ; les mélèzes, dans les Alpes.

Le N. E., l'E. et la région centro-orientale sont les parties les plus boisées. Le département qui, relativement à son étendue, a le plus de bois est celui de Nièvre.

Le chêne-liége, dont l'écorce donne le liége, ne se trouve

guère que vers les extrémités S. O. et S. E. du pays (la Gascogne, la Provence).

Chêne liège.

Le chêne-vert ne croît que dans le Midi (dans la **Provence**
surtout).

## XLV. — PRODUCTIONS ANIMALES.

La région des herbages, et par conséquent des plus abondants troupeaux, embrasse particulièrement les provinces, **au**

climat humide et assez doux, du nord-ouest et de l'ouest de
la France, le long de la Manche et de l'Océan, ou à peu de
distance de ces mers: ces provinces sont surtout la Normandie,
la Bretagne, le Poitou, le Maine (avec le Perche), l'Anjou.

Les chevaux les plus estimés sont ceux du Perche, de la
Normandie, de la Bretagne, des Ardennes, du Boulonnais, de
la Flandre, du Limousin, des Pyrénées.

Cheval.

Les ânes et les mulets sont fournis surtout par le Poitou et
le bassin de l'Aveyron.

Les meilleurs bœufs et vaches de la France sont élevés dans
les pâturages de la Normandie, de la Flandre, du Charollais,
du Nivernais, de la Bretagne, du Maine, de l'Auvergne, du
Limousin, du Jura, des Vosges, des Cévennes, de la Camargue
et les bords de la Garonne.

Les moutons les plus estimés sont ceux du Berri, de la
Bourgogne, de la Picardie, des Ardennes, de la Beauce, du
Dauphiné, du Jura, des Pyrénées, du Rouergue (sur le versant sud du plateau central), de la Crau (sorte de désert pier-
rieux à l'E. des bouches du Rhône).

Bœuf.

Moutons.

Chèvres.

Les chèvres sont assez communes dans les pays de hautes montagnes (les Alpes, les Pyrénées, la Corse).

Les principaux pays producteurs de porcs sont la Lorraine, la Bourgogne, le Morvan, le Lyonnais, la Bresse, l'Auvergne, le Limousin, le Périgord, l'ouest des Pyrénées.

Les oiseaux de basse-cour les plus importants sont le coq et la poule, dont les espèces les plus renommées sont élevées dans le Maine, l'Angoumois, la Bresse, la Normandie, la Picardie, la Flandre et l'Ile-de-France (pays qui entoure Paris).

L'Orléanais, la Champagne, le Périgord, le Forez, le Bourbonnais, nourrissent de grands troupeaux de dindons.

On cite, parmi les canards les plus estimés, ceux de la Picardie, de la Normandie et du Languedoc; les oies de Toulouse ont une grande réputation.

## XLVI. — SUITE DES PRODUCTIONS ANIMALES.

Parmi les animaux sauvages, les quadrupèdes les plus redoutés sont le loup et le renard, nombreux dans la plupart des forêts; l'ours, qui ne se trouve que dans les Pyrénées, les Alpes et le Jura.

Le chamois, animal très-léger, erre sur les cimes les plus escarpées des Alpes et des Pyrénées.

Les sangliers, les cerfs, les daims, les chevreuils, se trouvent dans plusieurs grandes forêts.

Le menu gibier renferme surtout le lièvre et le lapin.

Le gibier à plumes comprend la perdrix, la caille, le faisan, le coq de bruyère, l'alouette, le becfigue, etc.

Les principaux oiseaux de proie sont les aigles, les vautours, dans les Alpes et les Pyrénées; les ducs, les hiboux, les chouettes, les milans, les autours, presque partout.

Parmi les plus jolis oiseaux, il faut citer le chardonneret, la mésange, le bouvreuil, le martin-pêcheur, le jaseur; et, parmi les oiseaux au chant agréable, le rossignol, le serin, qui vit dans la Provence, le pinson, la fauvette, etc.

L'hirondelle, qui nous égaye en annonçant le retour du printemps, et la caille, à la chair estimée, ne séjournent que quelques mois parmi nous : elles s'enfuient, avec beaucoup d'autres, dans des climats plus méridionaux à l'approche de l'hiver. Au contraire, les bécasses, les vanneaux, les sarcelles, les oies et les canards sauvages, les cygnes même quelquefois, viennent alors des pays septentrionaux, et passent chez nous la froide saison ; les grues et les cigognes sont aussi des oiseaux voyageurs.

### XLVII. — SUITE DES PRODUCTIONS ANIMALES.

Les insectes les plus utiles sont les vers à soie, qui donnent surtout leur précieux produit dans le bassin du Rhône, où se trouvent de grandes plantations de mûriers, et les abeilles, pour lesquelles les deux pays les plus renommés sont le voisinage de Narbonne (dans le bassin de l'Aude), et le Gâtinais (dans le bassin du Loing).

Les principaux poissons qui peuplent nos étangs, nos réservoirs et nos rivières, sont les carpes, les tanches, les brochets, les perches, les bars, les aloses, les anguilles, les truites, les saumons, les silures. — Les poissons de mer les plus abondants sont les harengs (surtout dans la Manche), les sardines (particulièrement dans la Bretagne), les anchois (dans la Méditerranée), les maquereaux, les mulles, les turbots, les soles, les limandes, les raies, les merlans, les morues, les thons ; ces derniers dans la Méditerranée.

Les huîtres se pêchent sur les bancs fameux de Cancale et de Granville (vers la baie du mont Saint-Michel), et sur ceux de Marennes, entre la Charente et la Gironde.

Les moules sont communes dans nos mers. Les écrevisses peuplent la plupart des eaux courantes ; les homards et les langoustes, les crevettes se pêchent sur toutes nos côtes.

La sangsue médicinale est assez abondante dans les marcs de l'ouest et du sud-ouest, particulièrement dans les Landes (en Guienne et en Gascogne).

### XLVIII. — GRANDES VILLES DE FRANCE. — VILLES DU VERSANT DE LA MANCHE.

Sur le versant de la Manche, qui comprend les bassins de la Seine, de la Somme, de l'Orne, de la Vire et de la Rance, c'est-à-dire le nord-ouest et une partie considérable du nord de la France, la plus grande ville est *Paris*, sur la Seine, capi-

tale de la France et chef-lieu du département de la Seine, le
plus petit, mais le plus peuplé et le plus important de l'État.

Cette immense ville, de 2 millions d'âmes, n'est cependant
que la seconde de l'Europe par la population (car Londres,

capitale de l'Angleterre, a plus d'habitants); mais c'est la première du monde par le nombre, l'importance et la beauté des monuments, par la culture des lettres, des sciences et des arts. Elle a éprouvé d'affreux malheurs en 1870 et 1871; les Prussiens en ont fait un siége et un bombardement redoutables, puis l'insurrection de la Commune l'a accablée et a détruit plusieurs de ses beaux édifices. Pour la vue générale de Paris, voyez page 31.

Les autres villes les plus importantes sont : *Versailles,* chef-lieu du département de Seine-et-Oise (qui entoure de toutes parts celui de la Seine), célèbre par son magnifique château, ses beaux jardins, et siége actuel du gouvernement de la France; — *Rouen,* sur la Seine, chef-lieu du département

Rouen.

de la Seine-Inférieure, capitale de l'ancienne Normandie, et intéressante par ses anciens monuments, par l'industrie du coton et par son port; — *Le Havre,* port fameux, à l'embouchure du même fleuve; — *Troyes,* sur la Seine aussi, chef-lieu du département de l'Aube, capitale de l'ancienne Champagne, et commerçante en toiles et en bonneterie.

*Reims* (entre la Marne et l'Aisne), célèbre par d'antiques églises, par le sacre des rois de France, par ses fabriques de lainages et par son commerce de vins de Champagne.

*Amiens*, sur la Somme, chef-lieu du département de la Somme, capitale de l'ancienne Picardie, et enrichie par la fabrication de toutes sortes de tissus.

*Caen*, sur l'Orne, très-près de la Manche, au milieu des plus riches herbages de la Normandie.

*Cherbourg*, port célèbre, à l'extrémité **N.** de la presqu'île du Cotentin.

## XLIX. — VILLES DU VERSANT DE LA MER DU NORD.

Sur le versant de la mer du Nord, qui occupe la partie la plus septentrionale et le nord-est de la France, et qui est partagé entre les bassins de l'Escaut, de la Meuse et du Rhin, on voit : *Lille*, dans le bassin de l'Escaut, chef-lieu du département du Nord, capitale de l'ancienne Flandre, siège d'une grande industrie linière et cotonnière ; — *Roubaix*, très-voisine de Lille, et livrée à la même industrie.

*Nancy*, sur la Meurthe, dans le bassin de la Moselle (qui n'est qu'une partie de celui du Rhin), une des plus belles villes de France, chef-lieu du département de Meurthe-et-Moselle, et capitale de l'ancienne Lorraine.

Les importantes places fortes de *Strasbourg* et de *Metz* et la ville industrielle de *Mulhouse*, qui étaient nos plus grandes villes de l'est et du bassin du Rhin, sont à l'Allemagne depuis le désastreux traité de 1871.

## L. — VILLES DU VERSANT DE L'ATLANTIQUE PROPREMENT DIT ET DE LA MER DE FRANCE (OU GOLFE DE GASCOGNE)

Sur ce versant sont les grands bassins de la Loire et de la Garonne et les petits bassins de la Vilaine, de la Charente et de l'Adour.

Les grandes villes du bassin de la Loire sont : *Saint-Étienne*, chef-lieu du département de la Loire, et remarquable par ses mines de houille, par l'industrie du fer et celle de la rubanerie ; — *Orléans*, sur la Loire, chef-lieu du département du Loiret, et capitale de l'ancien Orléanais ; pleine du souvenir de Jeanne Darc, cette illustre héroïne qui sauva la France au xvᵉ siècle ; — *Tours*, aussi sur la Loire, chef-lieu du département d'Indre-et-Loire, et capitale de l'ancienne Touraine, au milieu d'un des plus agréables pays de la France ; — *Angers*, sur la Maine, chef-lieu du département de Maine-et-Loire, et capitale de l'ancien Anjou, à côté de grandes carrières d'ardoise ; — *Nantes*, port très-important, sur la Loire, chef-lieu du département de la Loire-Inférieure ; — *Le Mans*, chef-lieu du département de la Sarthe, et capitale de l'ancien Maine, centre d'un commerce de toiles et de bestiaux ; — *Bourges*, chef-lieu du département du Cher, et ancienne capitale du Berri, intéressante par ses vieux monuments, et l'un des grands centres de l'industrie du fer ; — *Clermont-Ferrand*, chef-lieu du département du Puy-de-Dôme, et capitale de l'ancienne Auvergne ; — *Limoges*, sur la Vienne, chef-lieu du département de la Haute-Vienne, et capitale de l'ancien Limousin, avec de grandes manufactures de porcelaine ; — *Poitiers*, très-antique ville, ancienne capitale du Poitou, et dans le voisinage de laquelle se sont livrées de grandes batailles au moyen âge.

Dans le bassin de la Vilaine : *Rennes*, sur la Vilaine, chef-lieu du département d'Ille-et-Vilaine, capitale de l'ancienne Bretagne, et commerçante en toiles, en bestiaux et en beurre.

Dans le voisinage de ce bassin : *Brest*, avec un beau port, près de l'extrémité occidentale de la France, dans le département qu'on appelle *Finisterre*, à cause de sa situation à la *fin de la terre* française.

Dans le bassin de la Garonne : *Toulouse*, sur la Garonne, chef-lieu du département de la Haute-Garonne et capitale de l'ancien Languedoc ; remarquable par la culture des lettres et par l'industrie des métaux ; — *Bordeaux*, sur la Garonne aussi, chef-lieu du département de la Gironde, capitale de l'ancienne Guienne, et célèbre par son port et son immense commerce de vins.

LI. — GRANDES VILLES DU VERSANT DE LA MÉDITERRANÉE.

Le versant de la Méditerranée comprend le grand bassin

Lyon.

du Rhône et les petits bassins de l'Hérault, de l'Aude et de quelques autres cours d'eau moins importants.

Les grandes villes du bassin du Rhône sont, en descendant ce fleuve, sur ses rives ou tout près : *Lyon*, au confluent du Rhône et de la Saône, chef-lieu du département du Rhône, capitale de l'ancien Lyonnais, célèbre par ses soieries et siége d'un très-grand commerce ;

*Avignon*, chef-lieu du département de Vaucluse et capitale de l'ancien État d'Avignon, qui a longtemps appartenu aux Papes ; intéressante par des monuments qui rappellent le séjour des Papes, et siége d'une grande industrie de la soie ; — *Nîmes*, importante aussi par l'industrie de la soie, et curieuse par ses antiques monuments romains ; — *Marseille*, sur la Méditerranée, port le plus commerçant de la France, et centre d'une grande fabrication d'huiles et de savons ; chef-lieu du département des Bouches-du-Rhône et la plus grande ville de la Provence, dont la capitale était *Aix*.

Dans le bassin de la Saône : *Besançon*, sur le Doubs, chef-lieu du département du Doubs, capitale de l'ancienne Franche-

Aix.

Comté, et centre d'une grande fabrication d'horlogerie ; — *Dijon*, chef-lieu du département de la Côte-d'Or et capitale de l'ancienne Bourgogne, au milieu de riches vignobles.

Sur l'Isère : *Grenoble*, chef-lieu du département de l'Isère,

Port de Bordeaux

capitale de l'ancien Dauphiné, et centre d'une fabrication de ganterie renommée.

Dans les bassins des autres tributaires de la Méditerranée : *Montpellier*, chef-lieu du département de l'Hérault, remarquable par son école de médecine et son commerce de vins et d'eaux-de-vie ; — *Toulon*, port célèbre, sur la Méditerranée ; — *Nice*, aussi sur la Méditerranée, chef-lieu du département des Alpes-Maritimes et capitale de l'ancien Comté de Nice, qui appartenait à l'Italie et qui a été annexé à la France en 1860 : c'est une belle ville, renommée par la douceur de son climat.

### LII. — COMPARAISON DES GRANDES VILLES. — PORTS PRINCIPAUX.

De toutes ces villes, la plus peuplée après Paris est Lyon (325 000 hab.) ; Marseille vient ensuite (300 000 hab.), et les six autres plus grandes villes sont Bordeaux (200 000 hab.), Lille (150 000 hab.), Toulouse (125 000 hab.), Nantes (115 000 hab.), Rouen (100 000 hab.) et Saint-Étienne (95 000 hab.).

Les ports principaux de la France sont, d'abord sur l'Océan, en allant du nord au sud : *Dunkerque*, sur la mer du Nord ; — *Calais*, *Boulogne*, sur le Pas de Calais, en face de l'Angleterre ; — *Dieppe*, *Le Havre*, *Rouen*, *Cherbourg*, *Saint-Malo*, sur la Manche ou sur la Seine ; — *Brest*, *Lorient*, *Saint-Nazaire*, *Nantes*, *Rochefort*, *Bordeaux*, *Bayonne*, sur l'océan Atlantique proprement dit et la mer de France, ou sur les fleuves qui s'y jettent.

Ensuite, sur la Méditerranée, en allant de l'O. à l'E. : *Cette*, *Marseille*, *Toulon* et *Nice*.

Dans la Corse, *Bastia* et *Ajaccio*.

---

# GÉOGRAPHIE DE L'HISTOIRE SAINTE

### LIII. — MONDE CONNU DES HÉBREUX.

Les Hébreux ne connurent que les extrémités occidentales de l'Asie, un peu le N. E. de l'Afrique et une petite partie du S. E. de l'Europe. La mer Méditerranée est appelée par eux *Grande mer* ou mer *occidentale*, et la mer Rouge, mer de *Souph* (*mer des Joncs*) ; au N., était la *mer Ténébreuse*, qui paraît être une vague indication de la mer Noire et de la mer Caspienne réunies.

Les Hébreux connaissaient trois grands fleuves : le *Mesraïm* ou *Sihor*, ou fleuve d'*Égypte* (Nil), l'*Euphrate* et le *Hiddekel* (Tigre) ; et trois grandes montagnes : l'*Ararat*, fameux dans l'histoire de Noé, et situé au N., vers la mer Ténébreuse ; — le mont *Sinaï*, situé au S., vers la mer Rouge, et célèbre dans l'histoire de Moïse ; — le mont *Liban*, au milieu, connu par ses belles forêts de cèdres.

Ils désignèrent la plupart des principaux pays par les noms des enfants de *Sem*, de *Cham* et de *Japhet*. Ainsi, le pays de *Canaan*, qui fut leur séjour principal, devait son nom à l'un des fils de Cham. Ils appelèrent l'Égypte *Mesraïm*, à cause d'un autre fils de Cham ; et ils donnaient à la Syrie (où se trouvait la ville de Damas) le nom d'*Aram*, qui était celui de l'un des fils de Sem.

Parmi les autres pays principaux que les Hébreux connaissaient, il faut citer la *Mésopotamie*, renfermée entre l'Euphrate et le Tigre, et où l'on voyait la ville de Harran ; — l'*Assyrie* (capitale Ninive), située vers le cours supérieur de ces deux fleuves, et qui devait son nom à Assur, un des fils de Sem ; — l'*Arménie* (où était le mont Ararat), au N. de l'Assyrie ; — la *Médie*, près de la mer Caspienne, avec les villes d'Ecbatane et de Rhagès ; — la *Perse*, au S. de la Médie ; — la *Babylonie* (capitale Babylone), placée vers le cours inférieur du Tigre et de l'Euphrate, et qui comprenait les pays de *Sennar* et de *Khaldée* ; — la Susiane ou *Elam* (capitale Suse), entre la Babylonie et la Perse ; — la *Phénicie* (villes principales Tyr et Sidon), sur la côte de la Méditerranée, au N. O. du Canaan ; — l'*Arabie* ou la terre d'*Ismaël*, dans le S. de laquelle étaient *Ophir* et *Saba*, dont il est parlé dans l'histoire de Salomon. Les peuples qui habitaient autour du pays de Canaan, et avec lesquels les Hébreux furent souvent en guerre, étaient les *Ammonites*, à l'E., les *Moabites* et les *Madianites*, au S. E., les *Edomites* ou *Iduméens*, et les *Amalécites*, au S. Les *Amorrhéens*, qui habitaient au milieu du pays de Canaan, furent de bonne heure soumis.

### LIV. — VOYAGES DES ISRAÉLITES SOUS MOÏSE ET JOSUÉ.

Les Israélites, quittant le pays de *Gessen*, en Égypte (à l'O. de l'isthme de Suez), où ils étaient établis depuis Joseph, franchirent à pied sec le bras occidental de la mer Rouge, et voyagèrent à travers le désert pour se rendre dans le pays de Canaan ; ils passèrent quarante ans dans l'*Arabie Pétrée*, renfermée entre l'Égypte, la mer Rouge et le pays de Canaan. Un des premiers déserts qu'ils traversèrent fut celui de *Sin*, dans lequel ils commencèrent à avoir la *manne*.

Moïse fit jaillir de l'eau d'un rocher du mont *Horeb*. Au mont *Sinaï*, il reçut les Dix Commandements. Ensuite, les Israélites rencontrèrent le désert de *Paran*.

Ils firent un long séjour dans le pays de *Kadès*, revinrent vers le S. et se rendirent à *Asiongaber*, à l'extrémité de la branche orientale de la mer Rouge.

Ils parcoururent le désert de *Zin*. Ils campèrent ensuite au mont *Hor*, sur lequel eut lieu la mort d'Aaron.

Moïse s'éleva sur le mont *Nébo*, aperçut la **Terre Promise**, et mourut.

Les Hébreux, sous la conduite de Josué, passèrent le Jourdain près de *Galgala*, prirent la ville de *Jéricho* et soumirent les nations de Canaan.

### LV. — GÉOGRAPHIE PHYSIQUE DE LA TERRE SAINTE.

Cette contrée, renfermée entre la Grande mer (Méditerranée), la mer Morte, l'Arabie, la Syrie et la Phénicie, a été appelée aussi *pays de Canaan*, à cause de Canaan, fils de Cham ; *Terre promise*, parce que Dieu l'avait promise à Abraham ; *Terre d'Israël*, à cause de Jacob, qu'on nommait également Israël ; *Judée*, de la tribu de Juda, la plus considérable du peuple hébreu ; *Palestine*, des *Philistins*, qui en occupaient le S. O.

L'aspect du pays offre une agréable variété de montagnes, de collines, de vallées et de plaines. Le climat est salubre.

Le *Jourdain*, le principal fleuve de la Palestine, est profond et rapide, mais peu large et très-sinueux. Il prend naissance vers le mont Hermon, forme les lacs de Mérom et de Génésareth, et, après avoir coulé au sud l'espace d'environ 200 kilomètres, tombe dans la mer Morte.

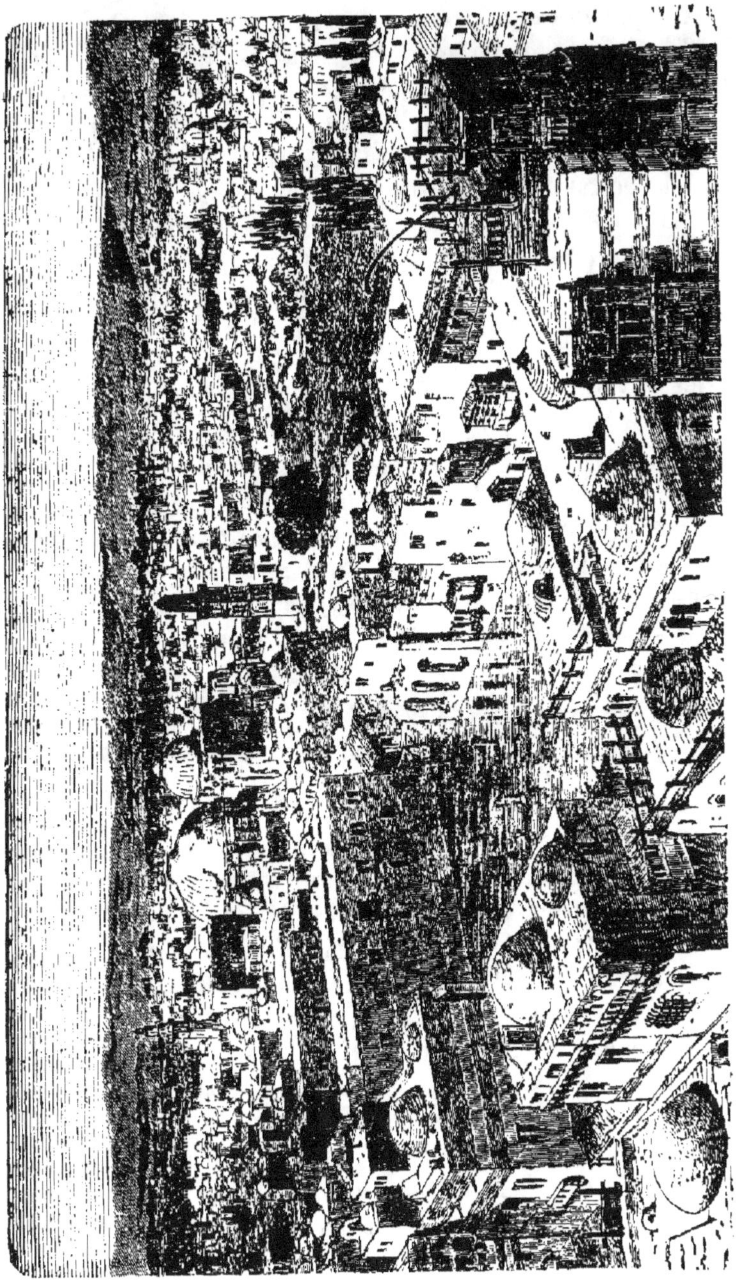

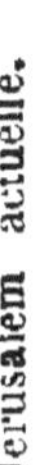

Jérusalem actuelle.

La mer *Morte*, appelée aussi mer de *Sodome*, lac *Salé* et lac *Asphaltite*, a environ 75 kilomètres de longueur et 12 kilomètres de largeur. Elle se trouve dans une profonde dépression, et son niveau est à environ 400 mètres au-dessous de la Méditerranée. Elle occupe la plaine où étaient *Sodome* et quelques autres villes détruites du temps de Loth. L'eau en est très-salée, très-amère et très-pesante.

La mer de *Galilée*, nommée aussi lac de *Génésareth*, mer de *Tibériade* et mer de *Cinnéroth*, a 25 kilomètres de long et 9 kilomètres de large; elle est entourée de collines élevées, et offre l'aspect le plus agréable et le plus pittoresque.

Le mont *Liban* couvre une partie du nord de la Palestine. À l'est de cette chaîne, est l'*Anti-Liban*, auquel se rattache le mont *Hermon*.

On remarque encore le mont *Carmel*, au bord de la Méditerranée; le mont *Thabor* et le mont *Gelboë*, au sud-ouest de la mer de Galilée; les montagnes d'*Ephraïm*, au centre de la Palestine; les monts de *Juda*, au S. ; les monts de *Galaad*, à l'est du Jourdain; les montagnes d'*Abarim*, dont le *Nébo* fait partie, et les montagnes de *Moab*, à l'E. de la mer Morte.

## LVI. — TRIBUS DE LA PALESTINE, ROYAUMES DE JUDA ET D'ISRAEL, PROVINCES ROMAINES ET VILLES PRINCIPALES.

Le pays que les Israélites avaient conquis fut partagé entre les douze tribus. Les *Lévites* (la tribu de *Lévi*) étaient consacrés au sacerdoce, et ne reçurent pas, comme les autres, de territoire particulier : on leur assigna quarante-huit villes, éparses à travers les tribus. Les postérités d'*Ephraïm* et de *Manassé* (les deux fils de Joseph) eurent leurs territoires particuliers, comme deux tribus distinctes.

Les tribus de *Ruben* et de *Gad*, ainsi qu'une moitié de la tribu de *Manassé*, habitèrent à l'E. du Jourdain; — toutes les autres s'établirent à l'O. : c'étaient, du N. au S., *Aser*, *Nephthali*, *Zabulon*, *Issakhar*, l'autre demi-tribu de *Manassé*, *Ephraïm*, *Dan*, *Siméon*, *Benjamin* et *Juda*.

Après la mort de Salomon, il se forma deux royaumes: 1° celui de *Juda*, qui comprenait les tribus de Juda et de Benjamin et qui avait pour capitale Jérusalem; 2° celui d'*Israël*, qui se composait des dix autres tribus et qui avait pour capitale Samarie.

A l'époque des événements que décrit l'Évangile, la Palestine était soumise aux Romains, et divisée en quatre parties principales : à l'O. du Jourdain, la *Judée*, la *Samarie*, la *Galilée;* — à l'E. du Jourdain, la *Pérée*.

Villes principales de la JUDÉE (tribus de Benjamin, Juda, Dan, Siméon, et pays des Philistins). — *Jérusalem,. Hiérosolyma* ou *Solima*, dans le S. de la tribu de Benjamin, sur le Cédron, était la capitale de la Judée ; elle fut aussi celle du royaume de Juda et de toute la monarchie des Hébreux. — On distingue ensuite *Béthanie*, intéressante par le séjour de Marthe et de Marie, à l'E. de Jérusalem ; — *Jéricho*, fameuse dans l'histoire de Josué, au N. E. ; — *Bethléhem*, au S., remarquable par la naissance de Jésus-Christ ; — *Hébron*, célèbre par le séjour de David, par la naissance de saint Jean-Baptiste et par les tombeaux des patriarches. — *Joppé* ou *Japho* (Jaffa), port de mer.

*Azot, Asculon, Gaza,* étaient les premières villes des Philistins.

Villes de la SAMARIE (demi-tribu occidentale de Manassé et tribu d'Ephraïm). — *Samarie*, plus tard *Sébaste*, fut la capitale du royaume d'Israël et de la Samarie. — On distingue ensuite : *Sichem* ou *Néapolis* (Naplous), qui fut la première capitale du royaume d'Israël ; — *Silo*, où l'Arche et le Tabernacle furent longtemps conservés ; — *Césarée de Palestine*, sur la mer Intérieure.

Villes de la GALILÉE (tribus de Nephthali, Zabulon, Issakhar, Aser). — *Capharnaüm*, *Cana*, illustrées par le séjour de Jésus-Christ. — *Tibériade*, capitale de la Galilée, sur le lac auquel elle a donné son nom. — *Magdala*, patrie de sainte Marie-Madeleine (Magdalena). — *Nazareth*, qui rappelle la Vierge Marie et Jésus-Christ. — *Jezraël*, qui rappelle le triste souvenir d'Achab et de Jézabel. — *Aco* ou *Ptolémaïs* (auj. *Acre*), qui appartint longtemps aux Phéniciens.

Villes de la PÉRÉE, avec le pays de *Basan* ou de *Batanée* (tribus de Ruben, de Gad, et demi-tribu orientale de Manassé). — *Gérasa, Rabbath-Ammon, Edreï.*

# TABLE DES MATIÈRES

# GÉOGRAPHIE DU DÉPARTEMENT [1]

### ENVIRONS DU LYCÉE OU DU COLLÉGE.

La ville de            , où se trouve le lycée (ou le collége),
est sur la rive            (ou à quelque distance de la rive
      ) du (ou de la)            , sur une colline exposée
au            (ou dans une plaine).
    (Si la ville est maritime). Elle est sur la côte de
    Cette ville a pour rues principales
                        , et pour places
principales
    On y remarque les promenades de
    Les plus importants monuments sont
    En sortant du collége par la rue de            , on va à
l'est (ou au nord, etc.) de la ville. On y rencontre la montagne de (ou la plaine de            ).
    (Si la ville est maritime). On rencontre la falaise de
(ou la plage de            , ou la baie de            , ou la
lagune de            .)
    On remarque le bois de            , la forêt de            ,
la prairie de
    Les cultures se composent de
    Les routes qui partent de la ville conduisent à            ,
à            , à
    Le chemin de fer de            passe au (nord, etc.) de la
ville, ou à            kilomètres au            de la ville.

### SITUATION, LIMITES, ÉTENDUE DU DÉPARTEMENT.

Le département de            est situé dans la partie

1. Naturellement, il est impossible de donner ici la description
d'un département particulier, car nous ne savons dans quel collége
cet ouvrage sera mis entre les mains des élèves. Nous ne pouvons
offrir que des indications générales, une sorte de cadre, que les pro-
fesseurs rempliront et qu'ils inviteront leurs élèves eux-mêmes à rem-
plir, comme un utile exercice géographique. Nous renvoyons d'ailleurs
à l'excellente description (avec carte) de chaque département, par
M. Ad. Joanne (collection pour l'enseignement secondaire spécial) ;
cette description fournira les indications propres à combler les lacunes
que nous laissons ici à dessein.

de la France, sur le versant de la mer          ;
il appartient au bassin du

Il est entouré par les départements de

(S'il est maritime). Il est baigné par la mer

(S'il est sur la frontière). Il touche au royaume (ou à l'empire ou à la république) de

Ce département a          kilomètres de longueur, du
au          , et          kilomètres de largeur, du          au

Ses limites sont marquées par le cours  du          dans la
direction de          , par les montagnes de          dans
la direction de

Il n'a pas de limites naturelles vers le

(Si le département est maritime). Il offre sur ses côtes les
golfes de          , les baies de          , les anses de          ,
les presqu'îles de          , les caps de

On y remarque les îles de          . Il y a des falaises
(ou des dunes, ou des plages basses, ou des lagunes).

## ASPECT DU PAYS, PLAINES, MONTAGNES.

Le pays est plat au          , montagneux au          .
Il est fertile et agréable dans la partie          ; il est sté-
rile et triste dans la partie

Les plaines les plus étendues sont vers

Les montagnes (ou les collines) les plus élevées forment
une chaîne qui s'étend du          au          dans la partie
du département          (où elles composent
un groupe qui couvre le          du département). Les points
culminants sont le          , dont l'altitude est de
mètres.

Ces montagnes sont nues dans la partie du          ; elles
sont couvertes de forêts dans le

Comparaison avec d'autres montagnes : le mont Blanc (le
plus haut point des Alpes) a 4810 mètres; le mont Malaletta
(le plus haut point des Pyrénées) a 3482 mètres, et le mont
Dore (le plus haut point des montagnes d'Auvergne) a
1888 mètres.

## COURS D'EAU.

Le département appartient au bassin de          ; il est

arrosé par le                 , qui reçoit, à droite, le                 , le
           ; à gauche, le                 , le

Voici la comparaison avec quelques-uns des grands cours d'eau de la France : la Loire a 1130 kilomètres ; le Rhône, 800 kilomètres ; la Seine, 780.

Le plus étendu de ces cours d'eau est le                 , qui a           kilomètres.

Le plus rapide de ces cours d'eau est le                 , le plus lent est le                 . La navigation a lieu surtout sur le
           , le

### CANAUX, LACS, ÉTANGS.

Le canal du                 met en communication le cours du
           et le cours du

(Ou, il y a un canal latéral sur la rive... du                 )

Le département est baigné par le lac de                 (ou les lacs de           ), qui s'écoule par le

Les plus grands étangs du département sont ceux de
           , formés par des ruisseaux qui s'écoulent dans le
           , dans le

Il y a des marais dans le territoire de

### VILLES PRINCIPALES, ROUTES, CHEMINS DE FER.

Le département est divisé en                 arrondissements : ceux de

Le chef-lieu est

Les sous-préfectures sont

On remarque ensuite, comme villes importantes,                 .

La population du chef-lieu du département est de
           habitants.

La ville la plus peuplée ensuite a           habitants.

Comparaison avec les plus grandes villes de France : Paris a 2 millions d'habitants ; — Lyon, 325 000 ; — Marseille, 300 000 ; — Bordeaux, 200 000 ; — Lille, 155 000 ; — Toulouse, 125 000 ; — Nantes, 115 000 ; — Rouen, 100 000.

Les principales routes sont celles de

Les chemins de fer sont ceux de

## CLIMAT.

Le département a une température          ; la  partie la
plus chaude est le territoire de               , la partie  la plus
froide est le territoire de             , parce que

La température la plus chaude de l'été, dans  le chef-lieu
du département,              est de        degrés ; la température la plus froide de l'hiver, de         degrés ; — la température moyenne de l'année est de        degrés.

L'air est le plus sain dans  le territoire de              , et
le plus malsain dans le territoire de            , parce que

Les vents les plus ordinaires sont ceux de


## SOL.

Le sol est  composé de  calcaire dans la  partie
du département ; de  grès,  de  sable dans la partie              ,
de granite,              dans la partie             ; d'alluvions
(c'est-à-dire de terrains entraînés par les eaux) dans  la partie
            ; de              , de             , dans les territoires de

Voilà pourquoi il est fertile dans le territoire de              ,
et aride dans celui de


## MINES ET CARRIÈRES.

Il y a des mines de fer à                     ; des mines
de       à        , de        à        , de        à

Les principales carrières de  pierres de constructions sont
à         , à            ; elles sont composées de

Il y a des carrières de pierre à  chaux à               ; de
pierre à plâtre à            ; de grès à            ; de sable
à             ; de terre à poterie à            ; de
à            ; de            à

Le charbon de terre est  exploité à           , et s'envoie
surtout à

Il y a de la tourbe à

(Suivant quelques régions.) Il y a des salines à            ,
des marais salants à

## SOURCES MINÉRALES ET AUTRES SOURCES, CAVERNES, CURIO-<br>SITÉS DIVERSES.

Il y a, dans le département, des sources minérales à      ; celles de                 sont thermales (c'est-à-dire chaudes).

Il existe une source intermittente à                 , une source incrustante à

On remarque, à                 , des cavernes ornées de sta-lactites et de stalagmites.

Il se trouve, à                 , des rochers d'une forme extraordinaire.

Les autres principales curiosités du pays sont

### CULTURES.

On cultive du froment dans la partie          du départe-ment ;             du seigle, dans la partie             ; du sarrasin, dans la partie                 ; de l'orge, dans le ter-ritoire de                 ; de l'avoine, dans le territoire de

Les pommes de terre se récoltent surtout dans les can-tons de

La vigne est cultivée dans la partie             (ou n'est pas cultivée dans ce département); le meilleur vin est celui de

Les principales plantes oléagineuses (à huile) du pays sont

Le lin se cultive dans le territoire de                 , e chanvre dans le territoire de

Les plantes tinctoriales sont la      , la      , cultivées à      ,

La betterave à sucre réussit à

Les meilleurs légumes du pays sont

Les meilleurs fruits sont

On récolte encore, dans le département, du du

### FORÊTS.

Les forêts se trouvent surtout dans a partie          du département.

Elles sont composées de

Le meilleur bois de construction est fourni par le territoire de

Le territoire de                fournit la plus grande quantité de bois de chauffage.

Indépendamment des arbres des forêts, il y a, le long des routes et des chemins, de grands arbres, tels que

## PRAIRIES ET BÉTAIL.

Il y a de bons prés et de grandes prairies naturelles dans la partie                du département.

Les prairies artificielles se composent de                , et se trouvent surtout dans les cantons de

On élève les meilleurs bœufs à                ; les vaches de                donnent le meilleur lait, et les fromages de                , le beurre de                , sont les plus renommés.

Les meilleurs chevaux du pays sont ceux de

Les meilleurs ânes et les meilleurs mulets sont ceux de

Les moutons sont principalement élevés dans le territoire de                ; les porcs, dans le territoire de

## OISEAUX DE BASSE-COUR, GIBIER, PÊCHE, INSECTES UTILES.

Les oiseaux de basse-cour sont les

Les meilleures volailles du pays sont celles de

Le commerce d'œufs se fait surtout à                , à

Le gibier se compose principalement de

Les poissons des rivières et des étangs sont les

On estime surtout les (truites, brochets, etc.) de

(Si le département est maritime.) On pêche sur la côte beaucoup de                .

On élève des abeilles dans le voisinage de                ; (dans les régions méridionales, des vers à soie, à                ).

FIN.

PARIS. — IMPRIMERIE DE E. MARTINET, RUE MIGNON, 2.

# COURS COMPLET D'HISTOIRE ET DE GÉOGRAPHIE

*Contenant les matières indiquées par les programmes officiels de 1880*

A L'USAGE DES LYCÉES ET DES COLLÈGES

## CLASSE PRÉPARATOIRE

GALERIE DES HOMMES ILLUSTRÉS, par M<sup>me</sup> Kergomard, inspectrice générale des salles d'asile. 1 vol. grand in-18, avec 12 portraits. . . . . . . . . . . . . 2 »

NOTIONS ÉLÉMENTAIRES DE GÉOGRAPHIE GÉNÉRALE ET NOTIONS SUR LA GÉOGRAPHIE PHYSIQUE DE LA FRANCE, par M. Cortambert. 1 vol. in-16, cartonné. » 80

*Atlas correspondant* (9 cartes). Grand in-8°, cartonné. . . . . . . . . . . . . 1 50

## CLASSE DE HUITIÈME

HISTOIRE SOMMAIRE DE LA FRANCE, JUSQU'A L'AVÈNEMENT DE HENRI IV, par M. George Duruy, professeur d'histoire au lycée Saint-Louis. 1 v. in-16, cart. 1 75

GÉOGRAPHIE ÉLÉMENTAIRE DES CINQ PARTIES DU MONDE, par M. Cortambert. 1 vol. in-16, cartonné. . . . . . . . . . . . . . . . . . . . . . . . . . . . . . . . . » 80

*Atlas correspondant* (20 cartes). Grand in-8°, cartonné. . . . . . . . . . . . . 3 »

## CLASSE DE SEPTIÈME

HISTOIRE SOMMAIRE DE LA FRANCE DEPUIS L'AVÈNEMENT DE HENRI IV JUSQU'A NOS JOURS, par M. George Duruy. 1 vol. in-16, cartonné. . . . . . . . . . . 1 75

GÉOGRAPHIE ÉLÉMENTAIRE DE LA FRANCE, par M. Cortambert. 1 v. in-16, cart. 1 20

*Atlas correspondant* (15 cartes). Grand in-8°, cartonné. . . . . . . . . . . . . 2 50

## CLASSE DE SIXIÈME

HISTOIRE ANCIENNE DES PEUPLES DE L'ORIENT, par M. V. Duruy. 1 v. in-16, cart. 3 »

GÉOGRAPHIE GÉNÉRALE DE L'EUROPE ET DU BASSIN DE LA MÉDITERRANÉE, par M. E. Cortambert. 1 vol. in-16, cartonné. . . . . . . . . . . . . . . . . . 1 50

*Atlas correspondant* (26 cartes). Grand in-8°, cartonné. . . . . . . . . . . . . 3 50

## CLASSE DE CINQUIÈME

HISTOIRE DE LA GRÈCE ANCIENNE, par M. V. Duruy. In-16, cartonné. . . . . . . . . 3 »

GÉOGRAPHIE DE L'AFRIQUE, DE L'ASIE, DE L'AMÉRIQUE ET DE L'OCÉANIE, par M. E. Cortambert. 1 vol. in-16, cartonné. . . . . . . . . . . . . . . . . . 1 50

*Atlas correspondant* (19 cartes). Grand in-8°, cartonné. . . . . . . . . . . . . 3 »

## CLASSE DE QUATRIÈME

HISTOIRE ROMAINE, par M. V. Duruy. 1 vol. in-16, cartonné. . . . . . . . . . . . 3 50

GÉOGRAPHIE DE LA FRANCE, par M. E. Cortambert. In-16, cartonné. . . . . . . . 1 50

*Atlas correspondant* (27 cartes). Grand in-8°, cartonné. . . . . . . . . . . . . 3 50

## CLASSE DE TROISIÈME

HISTOIRE DE L'EUROPE ET PARTICULIÈREMENT DE LA FRANCE, DE 395 A 1270, par M. V. Duruy. 1 vol. in-16, cartonné. . . . . . . . . . . . . . . . . . . . 4 »

GÉOGRAPHIE PHYSIQUE, POLITIQUE ET ÉCONOMIQUE DE L'EUROPE (moins la France), par M. E. Cortambert. 1 vol. in-16, cartonné. . . . . . . . . . . 2 »

*Atlas correspondant* (34 cartes). Grand in-8°, cartonné. . . . . . . . . . . . . 4 50

## CLASSE DE SECONDE

HISTOIRE DE L'EUROPE ET PARTICULIÈREMENT DE LA FRANCE, DE 1270 A 1610, par M. V. Duruy. 1 vol. in-16, cartonné. . . . . . . . . . . . . . . . . . . . 4 50

GÉOGRAPHIE PHYSIQUE, POLITIQUE ET ÉCONOMIQUE DE L'ASIE, DE L'AFRIQUE, DE L'AMÉRIQUE ET DE L'OCÉANIE, par M. E. Cortambert. 1 vol. in-16, cart. 3 »

*Atlas correspondant* (40 cartes). Grand in-8°, cartonné. . . . . . . . . . . . . 5 »

## CLASSE DE RHÉTORIQUE

HISTOIRE DE L'EUROPE ET PARTICULIÈREMENT DE LA FRANCE, DE 1610 A 1789, par M. V. Duruy. 1 vol. in-16, cartonné. . . . . . . . . . . . . . . . . . . . 4 50

GÉOGRAPHIE PHYSIQUE, POLITIQUE, ADMINISTRATIVE ET ÉCONOMIQUE DE LA FRANCE ET DE SES POSSESSIONS COLONIALES, par M. E. Cortambert. 1 vol. in-16, cartonné. . . . . . . . . . . . . . . . . . . . . . . . . . . . . . . 3 »

*Atlas correspondant* (43 cartes). Grand in-8°, cartonné. . . . . . . . . . . . . 5 »

## CLASSE DE PHILOSOPHIE

HISTOIRE DE FRANCE ET HISTOIRE CONTEMPORAINE DEPUIS 1789 JUSQU'A LA CONSTITUTION DE 1875, par M. G. Ducoudray. 1 vol. in-16, cartonné. . . . . 6 »

---

PARIS. — IMPRIMERIE ÉMILE MARTINET. RUE MIGNON, 2.